POGAČAR • LATINOAMERICANA

MARKO POGAČAR

Latinoamericana

oder 1000 Worte Spanisch

Aus dem Kroatischen
von
Alida Bremer

Wieser *Verlag*

Die Herausgabe dieses Buches erfolgte mit freundlicher
Unterstützung durch das kroatische Ministerium für Kultur.

Republika
Hrvatska
Ministarstvo
kulture
*Republic
of Croatia
Ministry
of Culture*

Wieser Verlag
Založba Wieser

•

KLAGENFURT/CELOVEC · WIEN · LJUBLJANA · BERLIN

A-9020 Klagenfurt/Celovec, 8.-Mai-Straße 11
Tel. +43(0)463 370 36, Fax: +43(0)463 376 35
office@wieser-verlag.com
www.wieser-verlag.com

Jede Person in diesem Buch existiert wirklich.
Jede Ähnlichkeit mit wirklich existierenden
Personen ist zufällig.

DER NACKTE BOLÍVAR

Die sieben Sekretärinnen des Todes

Janis wurde nach Janis Joplin benannt. Ihr Vater, ein stämmiger Gringo, betrunken und verrückt, spielt noch heute jedes Wochenende Blues-Gigs in den Bars der Viertel Las Mercedes und La Castellana, in die sich nachts noch immer der eine oder andere Fremde verirrt. Unter der Woche arbeitet er in einer Kabelfabrik. Nach der Arbeit schlägt er sich zwei Stunden durch die abgelegenen Vorortstraßen, und wenn er endlich zu Hause ankommt, ist er völlig erschöpft: Seine Finger verkrampfen sich, so dass er an die Gitarre nicht einmal denken kann. Als Teenager sang Janis manchmal Background-Vocals, bis sich das Schiff so stark zur Seite neigte, dass alles von Deck rutschte, auch die jungen Frauen. Sie erhielt nächtliches Ausgehverbot, und das war das Ende ihrer Karriere bei den Los Caimanes Voladores. Zu Hause war es allerdings nicht viel sicherer. Die Familie lebte in Petare, einem der größten Slums der Welt, in dem so viele Menschen leben wie in einem der kleineren europäischen Länder. In gewisser Weise gehörten sie zur Elite in diesem Viertel – einem verhärteten Wundschorf aus Ziegeln, Blech und Nylon, der das Knie der Stadt umgibt. *Elite* – wie im Fall der Prostitution oder der Restaurants oder der Todesschwadrone – bedeutet in diesem Fall, dass mindestens ein Familienmitglied einen Arbeitsplatz hat, dass es im Haus Strom (wenn verfügbar) und fließendes Wasser (wenn es beschließt zu fließen) gibt und dass Janis an der staatlichen Universität studiert. Wir trafen uns vor tausend Worten, im blinden Fleck der Sprache; ich war zum ersten Mal in den Amerikas und fragte mich, ob man mir diese Tatsache ansieht.

Das Leben in Caracas verwandele sich von Tag zu Tag immer schneller in einen hässlichen Traum, schreibt sie. Den Alptraum in den Tropen können wir Europäer uns schwer vorstellen. Die durchschnittliche Jahrestemperatur beträgt zweiundzwanzig Grad Celsius, Palmen und Mangobäume kratzen sanft an der von Feuchtigkeit erstickten Luft, die frischgebackenen Arepas duften, und von den Terrassen kleiner Lokale dringen Salsaklänge, irgendwo in der Höhe tagt der Rat der Papageien. Hier endet der Film, die Rolle läuft ab und der Filmprojektor klappert ins Leere und dreht sich mechanisch weiter. Die vom Erdöl angetriebene Prosperität der fünfziger und sechziger Jahre gibt es nur noch in den Erinnerungen der wirklich Alten, der fernen, verwelkten Greise, die sich vor den leeren Regalen der Apotheken fürchten. Das goldene Zeitalter des Chavismus, in dem ich Janis und die Stadt kennenlernte, gehört ebenfalls der Vergangenheit an. Obwohl die Ölwirtschaft gründlich missbraucht und auf falsche Fundamente gebaut wurde, hatte die unterdrückte und entrechtete Mehrheit davon durchaus spürbar profitiert. Die Revolution, die in vieler Hinsicht der jugoslawischen ähnelte, schmilzt dennoch unter interventionistischer und innerer Reaktion zunehmend dahin: Caracas ist heute die gefährlichste nicht von einem Krieg betroffene Stadt der Welt, mit einer Mordrate, die nur knapp unter der von Mogadischu liegt. Rücksichtsvolle Tote versteinern, während die aufmüpfigeren unermüdlich verfaulen. Das Leben ist ein ausgeraubter Kiosk. Krokodile sind gekommen, haben zugebissen und lassen nicht mehr los, die fliegenden Kaimane aus Märchen, die in den Traum eindringen und ihn forttragen, sodass man danach nicht mehr einschlafen kann.

Auf dem Rasen des Parques del Este verschlingen wir furchterregende Hot-Dogs, die eines Gullivers würdig wären, viel zu groß, wie alles andere in dieser engen, unruhigen Welt. Ein Fahrradfahrer verkauft sie, er überhäuft sie mit so viel Gurken, gerösteten Zwiebeln, Salat, Senf und Tränen, dass man das Würstchen und das Brötchen nur noch deduktiv erschließen kann. Es ist die Zeit des ersten Biers. In der Luft glimmt der lokale Reggae; Janis kennt die Worte und singt leise zwischen den Bissen mit. Sie erzählt von einem Faultier. Vor zehn Jahren hatte es ihr Vater gefunden, es lag benommen am Rand der Häusersiedlung, vermutlich von einem Auto angefahren. Monatelang pflegten sie es, dieses halbblinde, furchtbar stinkende Tier, bis es imstande war, alleine an der Stange der Satellitenschüssel zu hängen. Als sie es zurück in den Dschungel trugen, krümmte sich ein ganzer Schwarm Kinder aus Petare vor Weinen, als würden sie einen Sarg verabschieden. Das Faultier wird nicht nur in dieser Erzählung erinnert, sondern auch von Los Caimanes Voladores in einem langsamen Lied in Moll besungen. Es hieß genauso wie das Faultier: Juanito.

* * *

Sein Name ist verschollen im schwarzen Vulkansand. Es gibt vermutlich keine Goldsucher, die nach den Goldklumpen der Erinnerungen suchen, die ihn nun aus dem aufgewühlten Gewässer der Lagune Apoyo bergen könnten. An den Rest erinnere ich mich jedoch gut, denn die reife Mango-Knolle traf doch nicht meinen Kopf, eine Knolle, die für einen kurzen Augenblick innehielt, als sei sie eine Welt, die der Zeit beraubt worden wäre.

Als Kind glaubte ich, dass Ornithologie nur eine abgekürzte, menschengerechte Version der Oto-Rhino-Laryngologie sei, zu Deutsch Hals-Nasen-Ohrenheilkunde, einem Gebiet der Medizin, mit dem ich damals regelmäßig in Kontakt kam. Vögel? Sie waren dazu da, um in Käfigen gehalten und mit Schleudern beschossen zu werden, sowie um Gerüchte zu verbreiten, dieser oder jener Nachbar fange sie mit einer Schlinge und serviere sie zum Abendessen, oder um sie auf listige und gemeine Art zu fangen, indem man Äste mit Klebstoff beschmierte. Gefangen und nutzlos wurden sie dann von dem Bezwinger in jene Käfige, die am Anfang der Geschichte stehen, eingesperrt. Derjenige, dessen Namen ich vergaß, verdiente seinen Lebensunterhalt mit dem Beobachten der Vögel. So würde man das zumindest einem Kind beschreiben können. Er erzählte, dass er den Blick nicht von ihnen abwenden konnte: für ihn war der Himmel keine blaue Leere, sondern ein ununterbrochenes, ganztägiges Konzert der Philharmonie von Kolibris, Tukanen, Rauchschwalben und Quetzals, sowie das regelmäßige Tagen der Papageienversammlungen, eine unerschöpfliche Palette aus Federn, eine Palette, die zerrissen und voller greller Farben dem Albtraum eines naiven Malers ähnelt. Er wuchs in Granada auf, einer der ältesten zentralamerikanischen Städte, die etwa dreißig Kilometer entfernt liegt; bei unserer Begegnung war er in seinen mittleren Dreißigern. Der Unterschied zwischen Managua, wo sich das Ornithologische Institut befand, und Granada, wo seine Familie lebte und von wo aus er regelmäßig hinaufkletterte, in das Auge dieses erloschenen Vulkans, zu seinem Forschungsposten, ist eine knirschende und im Inneren marode Metapher des Unterschieds zwischen der »alten« und der »neuen« Welt. Am Samstag, dem 23. Dezember 1972, um 12:29 Uhr Ortszeit, wurde die Hauptstadt von einem Erdbeben erschüttert, von dem sie sich nie vollständig erholte. Heute sieht Managua wie ein Sack planlos im Dschungel verstreuter Monopoly-Häuschen aus, aus dem sich hier und da die Vertikale eines Hotels, einer Bank oder eines Einkaufszentrums erhebt. Granada, eingenistet zwischen dem immer noch aktiven Vulkanmassiv Mombacho und dem Nicaragua-See, hat seine koloniale Architektur bewahrt. Die Ansichten der beiden Städte sind zwei Gesichter desselben ausbeuterischen Projekts, dessen Macheten ebenso tief in das Gold, den Kaffee und den Tabak schneiden wie in das Fleisch selbst. Die erste Ansicht entblößt die Strafe des bösen weißen Gottes. Die zweite, einer Totenmaske ähnlich, wurde durch eine Reihe missratener Schönheitsoperationen aufgefrischt.

Das hiesige Herrengedeck besteht aus Bier und selbstgemachtem Aguardiente aus Zuckerrohr, gebrannt von seinem Vater. Leider kann die Vogelbeobachtung langweilig werden, besonders wenn es keine aufregenden Vögel gibt, wenn die Vögel einschlafen, aussterben oder einfach nicht auftauchen; auch die Leidenschaften verblassen mit der Zeit, insbesondere wenn sie zur Arbeit werden. Sein Vater sei ein sandinistischer Guerillero gewesen. Mit seinen eigenen Händen habe der Vater die revolutionäre Flagge auf dem Gebäude des Nationalparlaments gehisst, an dem Tag, an dem Somoza gestürzt wurde, erzählt er. In dem Haus mit offenem Garten, durch den Leguane irren, leben heute vierzehn Personen: vier Generationen. Vier seiner Kinder, die in Hängematten schaukeln, werden von ihrem Urgroßvater betreut.

An seinen Rollstuhl gefesselt, erstickt er im Rauch billiger Casino-King-Size-Zigaretten, den er unaufhörlich von sich bläst, einer Dampflokomotive ähnlich. Solche Lokomotiven brachten einst Abenteurer nach Granada, einige von ihnen in Wahnsinn getränkt, wie Kinski in *Fitzcarraldo*, und von dort wieder fort, nachdem sie entweder reich geworden oder gestorben waren. Die Hartnäckigsten waren in Granada geblieben, ausgetrocknet in der roten Erde, die von den Wurzeln der Mahagonibäume zergrübelt und zu feinem, einem Schießpulver ähnlichen Staub zermalmt wird. Die Luftfeuchtigkeit ist hier enorm. Auf dem Tisch stehen *carne mechada, enchiladas* und schwarze Bohnen. Als er erzählt, wie mir, dem Betrunkenen, am dunklen Strand des Sees eine faule Mango-Frucht auf den Kopf fiel und wie ich aufsprang, da ich dachte, dass jemand schießt, lachen die vier Kinder und der Großvater mit zahnlosen Mündern. Der Vater, Guerillero im Ruhestand, schweigt. Nacht fällt auf Nicaragua.

* * *

»Sind wir tatsächlich verflucht?«, fragt Manolo, während er die allzu breite Mündung seines Gewehrs umklammert.

»Und wenn ja, wer hat uns verflucht, wer ist dieser verdammte kosmische Schuft?«, sagt er, und es hört sich an wie die Übersetzung einer Dialogzeile aus einem Roman von Enrique Vila-Matas.

»Es ist allerdings denkbar, wenn der Fluch nur stark genug ist, wenn er derart gründlich ist, dass die Erde sich spaltet und einem davon die Zähne ausfallen, dass es sich eigentlich um einen Wohltäter handelt, um eine Art leichtfertig ausgesprochenen Segen«, sagt er weiter, obwohl sich seine Lippen nicht bewegen und obwohl Manolo das kühle Rohr seines Gewehrs vollkommen stumm umklammert. Sein Monolog ertönt nur in meinem verschwitzten, ebenfalls vom kalten Wind gepeitschten Kopf. Wir blicken in Richtung Puno, wo unter den von Agaven und Ziegelhäusern gesäumten Hängen der Dampfer Yavari vor Anker liegt, anstatt auf die graue, von dichtem Nebel umhüllte Weite des Titicaca-Sees. Es ist ratsam, von diesem See zu schweigen.

Für mich ist Manolo ein Indio. Verständlicherweise sieht die Sache aus seiner Perspektive anders aus. Als ich ihn frage, was ihm dieses Wort bedeutet, das die Konquistadoren wie mit einem Rapier abgehackt haben, zuckt er mit den Schultern. Er sagt: »Es bedeutet nichts. Vielleicht bedeutet es *Mensch*. Ein Mensch, der nicht sterben will«, sagt Manolo, während er auf dem vom Seewasser durchtränkten Gestrüpp der Insel das Gleichgewicht zu halten versucht. Die meisten Nächte verbringt er drüben in Puno bei seiner Frau, obwohl es manchmal vorkommt, dass er hier übernachtet, auf diesem aus Treibholz und Schilf zurechtgezimmerten und mit Draht festgezurrten Stückchen Land, auf dem er großgeworden ist. Von dort reiste er, jeden Tag außer sonntags, mit dem Motorboot in die Stadt zu einer kleinen Schule. Samstags fuhr er ebenfalls, eine halbe Stunde jeden Samstagmorgen zur adventistischen Kirche El Puerto, einem Gotteshaus, das an ein Feuerwehrhaus erinnert, das von den roten Einsatzwagen verlassen wurde, weshalb jetzt die gesamte Gemeinde im Falle eines Brandes ausschließlich auf Prävention angewiesen ist;

auf die göttliche Kontrolle über die angefachten Brände der Seele.

Auf dem Eiland, einem der größten unter etwa vierzig ähnlichen, die das Uros-Archipel ausmachen, verkauft er Sandwiches und Schmuck an Touristen, die auf dem Weg nach Taquile oder auf die Isla del Sol haltmachen. Manchmal leitet er vor der Schilfhütte, in der seine Mutter lebt, einen bunt gekleideten Chor, der für wenige Soles denselben Touristen Hymnen zu Ehren des Erlösers auf Quechua singt, einer Sprache, die für mich mystisch und geheimnisvoll klingt, aber für diesen Erlöser verständlicherweise nicht: es handelt sich um einen durch und durch polyglotten Erlöser. Außerdem ist er auch hoffnungslos rührend, wie Menschen, die allen Hunden »Nein!« sagen.

Das Gewehr, das Manolo hin und her wendet, ist nur das Gehäuse eines Gewehrs, ein Skelett, das zu begraben sich nicht lohnt. Vor etwa einem halben Jahrhundert hat es sein Großvater zusammengebaut, er fertigte den Abzugsbügel aus einem Nagel und den Gewehrkolben aus gelb gefärbtem Treibholz. Es diente zur Jagd auf Lappentaucher, einem Tier, das aussieht, als hätte es Josef Schwejk für sein zoologisches Magazin erfunden, und heute dient es hauptsächlich dafür, dass Manolo mit seinen von Fischschuppen verdreckten Fingern die Luftröhre dieses Gewehrs umklammert und dabei seinen Blick in das schon längst kaputte Innere wandern lässt, einen Bereich, in dem sich ebenfalls schon längst die rohe Finsternis eingenistet hat.

Wenn ich ihn frage, was Gott für ihn bedeutet, zu dem er jeden Samstag über den größten befahrenen See auf dem Kontinent fährt, dessen Süßwasser viertausend

Meter über dem Meeresspiegel liegt, zuckt Manolo erneut mit den Schultern.

Er sagt: »Nichts. Es bedeutet einen Menschen, der ablehnt zu sterben. Vielleicht ist Gott dein Indio«, sagt er und lächelt.

»Ja, Gott ist der unsterbliche Indio.«

* * *

Die Nacht über den amerikanischen Städten, diesen Bienenstöcken, die wie ein Urwald aus Sternen unter dem Kreuz des Südens leuchten, das in der Dunkelheit wie ein glühender Hammer funkelt und das auch selbst nichts anderes ist als die Summe der Himmelskörper über ihnen, der Himmelskörper, die sich fast unmerklich hin- und herwiegen, als würde dort oben jemand atmen, fern und sanft. Dieser Jemand kennt die Geschichte brennender Vogelscharen. Dieser Jemand sieht einen Vogel fallen. Dieser unwirkliche Jemand.

* * *

H. trägt den bekanntesten kolumbianischen Nachnamen. Für die Mehrheit der Menschen riecht dieser Name immer noch nach Blut und Brand, sein klangliches Bild sind kurze Salven, und die Postkarten sind entflohene, durchgedrehte Nilpferde auf ihrem Rachefeldzug durch die *calles* und *carreras* von Medellín. Aber für die Bewohner der ärmsten Barrios, die wie eine Lawine aus Legosteinen den Berg hinabsteigen, klingt dieser Name vertraut, heimisch und vielleicht sogar väterlich. Mehr als einmal wird man ihn *Hermano* nennen, *El Presidente* flüstern.

H. musste nie die Realität der Armutsviertel leben, den Alltag der Mehrheit ihrer Mitbürger. Bis zu ihrem zwanzigsten Lebensjahr sah sie die Favelas nur durch die getönten Scheiben des Autos. Ihren entfernten Cousin traf sie einige Male. In der Woche, als er erschossen wurde, hatte sie gerade ihren zehnten Geburtstag gefeiert; Medellín, geschmückt mit einer blutigen Schärpe, triumphierte mit dem Titel der Mordhauptstadt der Welt. Damals brachte er ihr ein Plüschtier, ein sibirisches Tigerjunges in natürlicher Größe mit. Das Tier, etwas staubig, schnurrt immer noch vergessen in ihrem Zimmer, das wie ein Käfig anmutet.

Seit die Kriegsbeile begraben sind, hat sich die Situation in der Stadt beruhigt. Die Kartelle und die Guerillas ruhen derzeit, was bedeutet, dass sie mit anderen Mitteln kämpfen. In die Infrastruktur, Institutionen und Entwicklung der Gemeinschaft wird Geld gepumpt, ganze Lastwagen, gefüllt mit vorwiegend ausländischem Geld, nur teilweise von der Regierung gesteuert. Schulkinder in weißen Uniformen. Eine überirdische Stadtbahnlinie, aus der Studenten strömen. Kulturzentren, geschmückt mit Regenbogenflaggen und übriggebliebenen Weihnachtsdekorationen. Von einem Dach, von einer Leinwand, die grau wie das Herz ist, vernimmt man Stimmen eines Melodramas. Im Hof scharen sich Paare. *Guantanamera*. Von diesen weisen und mächtigen Körpern ist José Martí gleich weit entfernt wie die amerikanische Folterstätte, die sich im Golf befindet, aus dem die Frau stammt, nach der im Lied gerufen wird. Der Rhythmus gleitet die Schlagfelle der Trommeln und die unverputzten Fassaden herab, er hält inne und nistet sich wie ein Korn inmitten des unentwirrbaren Netzes aus Nerven ein, von dort beginnt er zu wuchern und sich zu vermehren, lebendem Fleisch ähnlich.

Unweit von Boteros *Vogel*, einer metallenen Skulptur, die in eine Splitterbombe mit zwanzig Kilogramm Sprengstoff verwandelt wurde und die 1995 während eines Musikfestivals explodierte, dreißig Menschen tötete und mehr als zweihundert verwundete, unweit dieses Haufens aufgeblühten Stahls, der zur Erinnerung an die Toten noch heute dort steht, wird auf dem gedrängten Raum im Schatten der Bahngleise rege gehandelt. Von den Schubkarren und niedrigen Markttischen heult das ranzige Leben: vom Fliegendreck beschmierte Konserven mit *dulce de leche*, getrocknete Gürteltiere auf frischen Früchten. Exotischere Waren, zerbrechliche und gefährliche Waren springen wie Zirkusflöhe von einer Tasche in die andere; von einem Schlüssel oder von einer Messerklinge kann man etwas kosten, zum Beispiel frischen Käse. Ich brauche ein Deodorant, um das Schwitzen zu zähmen, das unter meinem Hemd reift. Ich will diese kleinen Bananen, um sie zu verschlingen, während ich auf H. warte. Der Schlagabtausch beginnt. Ich ignoriere ihn, verputze Bananen und versuche mich ein wenig aufzuplustern, wie ein Hasenkopf-Kugelfisch, dessen Name sich anhört, als würde jemand dumme Witze reißen. Plötzlich fühle ich mich glücklich, weil ich großgewachsen und frisch frisiert und nun kahlköpfig bin, für einen Augenblick wachse ich über mich selbst hinaus wie ein Luftballon mit einem Bild von Ronald Regan darauf. Aber der Gegner lässt sich nicht täuschen. Einige zwielichtige Gestalten stehen auf und begeben sich in Richtung des Kugelfischs, der bereits verschrumpelt ist. Mit einigen Sprüngen entferne ich mich und verstecke mich in der Menge.

Als ich mich endlich wieder mit H. treffe, ist es bereits früher, klebriger Abend. Wir steigen in die Seilbahn, die die Menschen in die Höhe hievt und sie von dem Fluss, in dem Pablos unglückliche Nilpferde verendet sind, bis zu den Hängen führt, über die sich die Stadt glühend heiß ergießt. Dort unten folgen uns S. und M. auf Motorrädern, die sie durch das dichte Gedränge manövrieren, durch das dunkle, mythische Gebiet. Als wir wieder zu viert auf dem Hügel stehen, beginnt unter unseren Füßen am Rande der Stadt das Spektakel. Millionen Lichter funkeln, als wetteiferten sie mit dem Himmel, als gäbe es nichts, was zu verlassen sich lohnen würde.

***

Don Pablo, so sagten sie.

El Patrón, El Rey, El Mágico, so sagten sie, während sie auf den Boden oder auf die Spitzen ihrer Schuhe starrten; *El Pablito*, so flehten jene, die ihm einst nahe standen, jene, die sich ihm gegenüber irgendwie versündigt hatten, und alle starrten das tiefe Herz der Erde an, hoben nur für einen Augenblick ihre Blicke, um sie wieder zu senken, da sie sich an seinen Augen verbrannten, jene höher als er Stehenden und jene, die niedriger als er standen, die Unbekannten und die Bekannten, alle in gleicher Weise, denn alle wussten, dass es um ihr Leben ging.

El Padrino, El Señor, El Zar, sagten sie mit gesenkten Köpfen, solange er noch atmete.

Schwein, sagten sie, als er starb.

***

Raymond ist Dichter. Er wurde in Chile geboren, genau zehn Jahre plus-minus einen Tag nach jenem ersten verhängnisvollen und heute ungerechterweise vergessenen, entwürdigten elften September, als eine Kugel aus einem Kalaschnikow-Gewehr – einem Geschenk von Fidel Castro – seine endgültige Ruheposition im Körper von Allende fand und Chile in eine zwanzigjährige Diktatur stürzte. Sein Vater war Verfasser von Kurzgeschichten, der Mitte der achtziger Jahre nach Problemen mit der Geheimpolizei der Junta entwischte und zuerst nach Panama floh, um sich schließlich, als Raymond gerade das Teenageralter erreichte, in Costa Rica niederzulassen. Kurz danach starb er bei einem bizarren, filmreifen Unfall während einer Bergwanderung. Raymond wurde nach Carver benannt. Das einzige Glück, erzählt er, bestand darin, dass sein Vater ein Kind zeugte und starb, bevor er dazu kam, Bolaño zu lesen. Sicherlich hätte er ihn geliebt, sagt er, er wäre total besessen von diesem verrückten Bolaño gewesen, noch mehr als von Carver, und ich hätte dann den Namen Roberto bekommen. Es gibt nichts Schlechtes an diesem Namen, im Gegenteil, meine Frau heißt Roberta. Aber wie dämlich wäre das? Roberto und Roberta, wie in einem unglaubwürdigen, irren Kinderfilm. Nein, es sei besser, dass mein Vater mich zum richtigen Zeitpunkt bekam, nicht einen Tag später, sagt Raymond, der verhinderte Roberto.

Wir sitzen in der Bar La Teta Negra, im Zentrum von San José, in einer Spelunke, die man nach der Klientel, die dort verkehrt, ebenso La Tinta Negra oder La Tita Negra hätte nennen können, aber genau dieser Name passt am besten zu ihr: Schwarze Titte, schwarze Milch der Morgendämmerung, die Tropfen für Tropfen vom

Himmel träufelt, während die Nacht voranschreitet. Wir nippen am Imperial und kombinieren es mit *pisco*, einem mehrfach destillierten peruanischen Schnaps, dessen Name an das kroatische Wort *pisac* erinnert, Schriftsteller. Wie auch immer, ein Großteil der Stammgäste der Titte lebt vom Schreiben, meist vom journalistischen. Auch Raymond bessert sein Budget mit Artikeln auf, meist für den Kulturteil der englischsprachigen *The Tico Times*. Zum Glück ähnelt er noch nicht dem Duo am Nebentisch, Veteranen, die ihre Posten nie verlassen: wenig Haare, viele Kilos, Anglerwesten und Schnäuzer, gelb vom Zigarettenrauch – ein unfehlbares, hyperrealistisches Porträt eines eingefleischten Redaktionskaters, das weltweit Gültigkeit besitzt. Das Geplauder entlang der Avenida Central, die Rufe der Verkäufer, die löchrigen Motorradauspuffe, Musiker, die mir unbekannte Standards auseinanderreißen, Vögel, tausende Lautsprecher, die den tanzenden Nerv in diese Szenerie bringen, all das schwindet allmählich, da es dem stillen Metronom des kleinen Zeigers folgt. Dieses übermenschliche Bündel Lärm, losgelöst wie Rauch, bewegt sich zusammen mit den Menschen nach innen, an die Bartheken und auf die umzäunten Terrassen. Rundherum breitet sich die Stadt aus und zieht sich wieder zusammen, wie eine Seeanemone, wie ein Meeresschwamm, ein Predator aus der Tiefe, den die kleinen Organismen verrückt machen, die in seinen Poren haften bleiben, in seinen Falten, die nichts anderes als Zähne sind, genauer gesagt Reißzähne. Es ist feucht wie auf dem Meeresgrund, und von allen Seiten schlägt uns die tropische Nacht entgegen, ein Ungeheuer von einer Nacht, eine Nacht, die größer ist als sie selbst. Unter den Sohlen knirschen Erdnussschalen, das Radio spielt einen dumpfen Marsch. Der Kellner wiederholt etwas, das ich nicht verstehe.

Wenn Raymond ein wenig trinkt, nennt er mich El Poeta, und ich zahle es ihm mit gleicher Münze heim, weil es auf Spanisch schön klingt. Wenn er noch ein wenig mehr trinkt, faselt Raymond gern über das lateinamerikanische Wesen und über das lateinamerikanische Verhängnis, über die Idee von Heimat, über Heimatlosigkeit als Schicksal. Was bin ich, fragt er? Ich habe mein Heimatland verlassen, als ich zwei Jahre alt war. Ich besuchte in Panama die Schule, aber dort gibt es nichts weiter als den blöden Kanal. Aufgewachsen bin ich eigentlich hier, in Costa Rica. Mehrere tausend Kilometer dazwischen. Ein- und dieselbe Sprache. Nur einmal habe ich den Kontinent verlassen, bin nach Paris gereist, um Baudelaires Grab zu sehen. Also, was bin ich dann, sag es mir, fragt Raymond, dem nicht beschieden war, ein Roberto zu sein, und er starrt dabei auf einen verborgenen Punkt auf dem Blatt eines fettigen Kalenders, der das längst vergessene Jahr 2008 anzeigt. Du, Ray, bist ein Dichter und dazu noch ein ziemlicher Dummkopf. Ein betrunkener Dummkopf, wenn ich das hinzufügen darf, ruft der Kellner, während er eine CD in den Player schiebt. Sein persönlicher Jesus, riesig wie die Schuld, taumelt plötzlich durch den Raum.

* * *

B. schärft Messer. In diesem Teil von Barranco winden sich steile, verwinkelte Treppen zum Ozean hinunter, zu einem Strand, an dem sich das Leben von einem Moment auf den anderen in eine Krypta aus Sand verwandelt, in ein graues Mosaik, über dem die Surfer versuchen gleichzeitig aufzustehen, auf die zerbrechlichen Bretter zu klettern und alsbald über das Wasser zu laufen, was möglicherweise eine biblisch unzulässige Abkürzung darstellt, jeder von ihnen ein grüner und mit Basilisken verwandter Lazarus. Mittendrin erhebt sich die Kirche Ermita de Barranco, auch sie eine Ansichtskarte aus Leben und Tod zugleich. Es handelt sich dabei nicht um eine gewöhnliche Beschwörung über das Jenseitige, sondern um ein ganz konkretes Bild, eine Ikone, die metaphorisch zum Inbegriff der Kirche passt. Ihre gelbe Fassade mit zwei Türmchen und schweren Holztüren, alles, was man vom Boden aus sehen kann, ist renoviert und erstrahlt in voller Pracht. Das Dach, ein Tonnengewölbe aus Holz und Lehmziegeln, steht unter der direkten Aufsicht des Himmels, ist eingefallen, zerbrechlich, staubig und nackt, ähnlich den Rippen eines sonnengebleichten Bisons. Geier hocken wie Priester auf den Balken, massig in ihren schwarzen Talaren aus Federn. Die akustische Kulisse für diese Szene bildet neben dem Rauschen der Wellen und dem unwirklich hässlichen Krächzen der Vögel ein kaum hörbares, aber hartnäckiges Geräusch – skh skh skh: der Klang der Zeit, die schlaflos vergeht, der Klang einer Messerklinge, die vom festen Stein liebkost wird.

B. schärft Messer, und obwohl es möglicherweise seltsam anmutet, liegt darin nichts Unheilvolles. In den letzten sechzig Jahren besteht seine Arbeit aus dem Herbeiführen einer vorbildhaften Ordnung der Glätte auf dem vom Gebrauch stumpf gewordenen Metall. Wie diese stillen Werkzeuge ihre ursprüngliche Qualität verloren haben, gehört nicht zu seinem Interessenfeld. Diese Information gehört, genauso wie die gleichzeitig vollständig gewisse genauso wie vollkommen ungewisse scharfe Zukunft dieser Messer, zu der eisernen Sphäre der professionellen Diskretion. B. hat vier Kinder. Alle wurden auf diesen Spänen großgezogen, erzählt B., während er das Pedal mit dem Fuß betätigt. Das Pedal treibt den Riemen an, der Riemen den Stein, klebrig und rau unter den Fingern, einer Zunge ähnlich. In dem kreisförmigen Schatten, der sich während der Drehung des Rads kaum merklich bewegt, regt sich eine rostfarbene Katze. Ich schlürfe eiskaltes Cristal, und während die Sonne mit ihrem wilden Siegelring ihre Unterschrift in den Asphalt der Calle Ayacucho und in meine heiße Kopfhaut prägt, höre ich die Geschichte der Kinder der Klinge.

Ana, die älteste, wurde in der Zeit der Junta des Generals Pérez Godoy geboren, als für einen zusätzlichen Sol heimlich in der Dunkelheit der Hauseingänge und Hinterhöfe die umstürzlerischen Macheten geschärft wurden. Wenn man den durchschnittlichen Preis für Werkzeuge und Essbesteck sowie die typische südliche Sparsamkeit berücksichtigt, kommen wir zur These über das goldene Zeitalter des Schleifens, einer Annahme, die Anas Kindheit zweifelsohne mehrfach bestätigt. Sie wuchs in einem schönen Haus im Viertel Victoria auf, in einer Seitengasse, die von Akazien und Palmen überwölbt war, und sie studierte an der staatlichen Universität. Ihren ersten Mann beerdigte sie, nachdem sein Auto unter nicht geklärten Umständen im Gewässer des Urubamba verschwand. Mit ihrem zweiten Mann besitzt sie in Arequipa eine Immobilienagentur namens »Der letzte Stützpunkt«. Den Begriff Immobilie nimmt sie ernst: sie handelt mit Grabstätten. Ana war immer B.s Liebling.

Ihre Schwester Raquel kam mehr als zehn Jahre später und ungeplant zur Welt. Zur gleichen Zeit war auch Camila mit ihr im Bauch, was B. und seine Frau erst in dem Moment erfuhren, als sich allen Anwesenden unerwartet ein weiterer Fuß sichtlich offenbarte, unmittelbar nachdem die ersten beiden Füße den blinden Sarkophag der Mutter verlassen hatten. Vielleicht genau aus diesem Grund ging Camila immer mit dem Kopf in den Wolken durch das Leben. Weniger als ein Jahr später kam Jorge auf die Welt, der Jüngste. Seine letzten drei Kinder betrachtete B. stets als eine wie auch immer verstandene Einheit, wie irgendeine fernöstliche sechsarmige Gottheit, Kali oder vielleicht Vasudhara, darüber war sich B. nicht ganz sicher. All das spielte sich in der Zeit der Revolutionären Militärregierung des linken Generals Juan Velasco Alvarado ab. Die Umstände wurden für Messerschleifer zunehmend schlechter, außerdem stand vermehrt der billigere und langlebigere, wenn auch banal gewöhnliche Stahl aus den Vereinigten Staaten zur Verfügung. Indessen meldete sich irgendwo am Himmel eine Alarmsirene. Eine Flasche Cristal kippte um und rollte vor B.s Füße. Die Priester flogen von den Dächern, die Katze verschwand im Gebüsch und Lima bekam eine Gänsehaut. Offensichtlich kann eine Geschichte, die keinen Anfang hat, auch nicht enden.

* * *

Der Wald ist eine seltsame Pflanze. Er bedeckt die Hänge, die in der Tiefe unter uns ausgebreitet sind, wie Haare, die die Topografie des Gesichts überfallartig verschleiern, dieses Tor zum Rachen, in das der Fluss der

Zunge hineinfließt. Der Wald wird beharrlich verbrannt. Die Bäume im Wald werden beharrlich gefällt. Der Wald wird gerodet und ausgedünnt und vernichtet, damit an seiner Stelle Kaffee wächst und der Mensch für immer wahnsinnig und schlaflos bleiben möge. Aber nein. Die Verschwörung gegen den Terror des Wachseins hat Erfolg. Hör zu: In den Ohren des Affen rauscht es bereits. Die raschelnde Guerilla des Traums erhebt sich.

***

Amadeo war noch nicht zehn Jahre alt, als man begann, ihn mit *maricón* anzusprechen, oder bisweilen kürzer mit *marica*. Diese für ihn zunächst peinliche Angelegenheit verbreitete sich schnell; Pereira ist eine kleine Stadt, zumindest im Vergleich zu Bogota. Alles, was Amadeo damals getan hatte, um sich dieses gesellschaftlich wenig schmeichelhafte Etikett zu verdienen, war wenig bis gar nichts: er zog das Gummispringen dem Beschießen der Straßenköter mit Hilfe einer Schleuder vor, er hegte eine leicht übertriebene Leidenschaft für das Legen von Dominosteinen und erschien auf zwei Kostümpartys der Schule verkleidet als Frau. Beim ersten Mal handelte es sich um seine Mutter, beim zweiten Mal um die Nonne Amorenna María Nevia de la Soledad, die den Religionsunterricht in seiner Gemeinde leitete.

Solange er noch kein Teenager war, war alles in jeder Hinsicht noch vorwiegend unschuldig. Dann erfuhr er, was marica tatsächlich implizierte, und er nahm diese Rolle begeistert an. Die ersten Prügel kamen schnell. Einmal, in einer warmen, stickigen Monsunnacht, stieß er im Olaya-Herrera-Park auf eine Gruppe lokaler Jugendlicher, während er versuchte, mit seiner Begleitung unter den Schatten des aufgegebenen Bahnhofs zu schlüpfen, unter einen Balkon, der ebenfalls einzustürzen drohte. Der Passagierverkehr in Kolumbien war mit der Liquidation der Nationalen Eisenbahngesellschaft Mitte der neunziger Jahre eingestellt worden, und jetzt ragten überall im Land die verlassenen Gerippe des Verkehrsnetzes empor, überflüssig wie der Zahn, den er in jener Nacht verlor. Beim zweiten Mal war es schlimmer. Alles geschah mitten im Stadtzentrum, als es gerade dämmerte. Amadeo saß mit ein paar Freunden am Sockel des Nackten Bolívar auf der Plaza de Bolívar; der *Bolívar Desnudo* ist ein Denkmal, so glatt und schwarz wie ein Bluterguss, angespannt wie ein Glied, und die südamerikanische Nacht, die auf dem gesamten Kontinent saß, so wie Simón José Antonio de la Santísima Trinidad Bolívar auf dem Rücken des eisernen Pferdes saß, die Nacht senkte sich sachte auf die Köpfe der heißen und wunderschönen Schwulen von Pereira. Eine Gruppe von Schlägern, bewaffnet mit Schlagringen und ebenfalls wunderschönen, harten Schlagstöcken, die sich Amadeo in einem anderen Kontext tief in seinem Anus wünschen würde, diese Gruppe kam mit einer klaren Absicht, und am nächsten Morgen konnte man die Folgen ebenfalls klar spüren.

Dieses Mal bekam sein Vater Wind von der Sache. Der ältere Amadeo war recht alt. Mehr als vierzig Jahre betrieb er die Bar, die als El Rincón Clásico bekannt war, in der Nähe der Avenida del Rio. In der Bar ließ der ältere A. (der in Wirklichkeit Mario hieß) klassische Schallplatten der eigenen Wahl auf zwei gut geölten Technics-Plattenspielern laufen, wobei zur Klassik neben der üblichen auch die klassischen Platten mit Jazz gehörten, mit Tango und sogar mit dem einen oder anderen guten alten Chanson, von der Art wie sie nur der Franzose zu schreiben versteht (oder zu schreiben verstand). Im ersten Augenblick zeigte sich Mario von der Nachricht überrascht. Dann, einige Tage später, sah er im Traum seinen Sohn, sein letztes Kind, das nach dem großen und schrecklichen Mozart benannt wurde, sich in einer prachtvollen Krinoline vom Übergang des Jahrhunderts drehen und drehen zum Dreiertaktrhythmus des Walzers, dessen Autorenschaft, dessen war er sich sicher, doch Strauß zuzuschreiben war. In dem Augenblick änderte sich die Musik: das Kleid war jetzt etwas bunter und die Bewegungen waren schneller, leidenschaftlicher. Mario zögerte keinen Augenblick. Während im Zimmer die dämonischen Klänge des göttlichen Piazzolla ertönten, griff er nach der Hand seines Sohnes und drehte sich, er drehte sich in einer leichten Bewegung mal in der Rolle des Mannes, mal in der Rolle der Frau. Dann fuhr er plötzlich verschwitzt auf und rief *Amadeo, Amadeo*, aber niemand hörte ihn. Er hörte auf zu rufen, knipste das Licht an, wusch sich, ging in die Bar und schob das Gitter vor dem Tor nach oben. Und dann sah ich ihn.

* * *

»Ich stellte mir diesen Tag vor wie die Eröffnungsszene des Films ›Die Nacht des Leguan‹«, sagt er.

»Obwohl ich ihn nie gesehen habe, den Film. Ich stellte mir diese Szene vor. Ich sah eine riesige Eidechse, die über das verbrannte Land raste, kurz innehielt, lauschte und dann mit ihrer klebrigen Zunge eine fliegende Fliege schnappte. Für die Fliege wird es für immer dunkel, unwiderruflich, und darauf zielt der Filmtitel ab. Ja, natürlich, von Anfang an wusste ich, dass etwas logisch nicht stimmte. Aber ich nahm an, dass auch der Leguan früher oder später erwischt wird. Von einem Auto, einem Messer oder einem Stiefel. Schließlich holt es uns alle ein, dieses Etwas, nicht wahr?«, sagt er.

»Und dann kam der Tag, so wie Tage eben kommen, wie Amadeus in jenem deutschen Lied, und tatsächlich hatte sich alles genauso abgespielt, nur noch schneller, wirklich schrecklich schnell. Wir saßen auf dem Denkmal, genau auf diesem Denkmal, auf dem du und ich jetzt sitzen, und diese Nacht war gleichzeitig kalt und heiß, kochend wie das Blut aller jungen Schwulen von Pereira, und unser Blut übergoss sich plötzlich vollständig über uns, wie Kaffee.«

»Wir waren schrecklich wach«, sagt er. »Wach und gleichzeitig irgendwie endgültig eingeschlafen. Und da gibt es wirklich nichts mehr zu sagen.«

DIE NELKE
VOM GRAB DES DICHTERS

Der Großvater

Der Großvater landete an einem heißen, transparenten Tag, Anfang Februar im Distrito Federal, genau drei Jahre nachdem der Distrikt administrativ aufgelöst worden war und das unüberschaubare städtische Tier wieder unter dem alten, bewährten Namen Mexico City zu einer Mischung aus Kristallen und Scheiße zusammenschmolz. Zugegeben, es wäre genauer von Ciudad de México zu sprechen, aber in diesem – zweifelsohne präziseren – Fall würde aus dem Satz Kerouacs *Mexico City Blues* verschwinden, wovon der Großvater sowieso nichts hatte wissen können, und hätte er es gewusst, dann hätte es ihn nicht die Bohne interessiert. Sein Besuch hätte von Transitnatur sein sollen: Er sollte sieben Stunden am Flughafen in der Gesellschaft seines Enkels verbringen, dabei Kaffee trinken und die Schaufenster der Souvenirläden inspizieren – Espresso, Souvenirs und lauwarme Tacos bis zum Nachmittagsflug nach Havanna. Es versteht sich von selbst, dass die Dinge nicht glatt verlaufen konnten. Der Großvater wurde beim Versuch, die Grenze zu überqueren, verhaftet, ihm wurde sein Pass abgenommen, und er wurde zusammen mit Drogenkurieren, Migranten und minderjährigen, tätowierten Bandenmitgliedern in einen schmutzigen Raum der flughafeneigenen Untersuchungshaft gesperrt. Zwischen den männlichen Mitgliedern der Familie klaffte der Tod des Landes, in dem sie beide geboren waren, und das Gewirr schwer nachvollziehbarer Kapillaren aus Staatsgrenzen ohne Gewicht und größere Bedeutung. All das grub sich in den Geist des alten Mannes ein wie die Zeile aus dem vierzehnten Chor des erwähnten Gedichts von

Kerouac: *Sie werden dir bei lebendigem Leibe am Herzen nagen, und zwar immer*, ganz sicher, *immer*. Korrekterweise muss gesagt werden, dass der Großvater die Aktion dennoch nicht persönlich nahm. Weiterhin muss betont werden, dass es nicht mein Großvater war und dass man mich keinesfalls unter dem Stichwort »Enkel« einordnen sollte. Diesen dürftigen Bericht hier, das kann man ruhigen Gewissens sagen, kann man kaum als verschlüsselt betrachten. Ungeachtet der offensichtlichen und greifbaren Präsenz des Enkels gehörte der Großvater schließlich niemandem: er war völlig und in jeder Hinsicht sein eigener Herr.

Geboren gegen Ende der von Staub und Attentaten gepflasterten Dreißiger, hatte Großvater im Augenblick der Landung bereits deutlich die Achtzig überschritten, bereit in den nächsten zwei Jahrzehnten – er war felsenfest überzeugt, ein unwiderrufliches Recht auf diese zu haben – zwei oder drei kleinere, nachträglich festgestellte Versäumnisse in seinem Leben nachzuholen, wozu ihn wiederum das ebenso unwiderrufliche Metronom des Todes verpflichtete. Seit Ende der fünfziger Jahre zog er, zunächst als Student und dann als Oberst der Jugoslawischen Armee, von der Hauptstadt einer jugoslawischen Teilrepublik zur anderen, bevor er sich schließlich beim Militärkommando des Marinegebietes niederließ – *Sohn, mein Sohn, mein Sohne-mann*, diese widersprüchlichen Silben echoten bis in die Unendlichkeit vom Glockenturm der Kathedrale. Dann, im Jahr 1985, geriet er in Konflikt mit der Militärführung und wurde zwangspensioniert. Der Krieg erwischte ihn in einem abgelegenen Dorf an den schattigen Hängen des Bergmassivs Durmitor, im Schatten seiner eigenen besseren Vergangenheit: in einem undurchdringlichen, trügerischen Schatten aus

Nadelwald und verrottetem Laub, der von hartgesottenen Kommentatoren ohne jegliche Hemmung *Jugend* genannt wird. Jetzt, im Zenit der Einsamkeit, aus der eine unerwartete und noch nicht verteilte Kraft hervorging, ersetzte ein Gedichtband namens *Der heilige Magnet* seine Gewehrpatrone und das *Licht des Mikrokosmos*, ein Poem des montenegrinischen Dichters, Fürsten und Bischofs Petar Petrović Njegoš, die Dienstregeln der Armee. Nun, in dieser weichen, zerstreuten Dämmerung, in der nur noch eine lange Zeit und ein langer Blutstrom existierten, stand der Großvater sowohl als Niedergang wie auch als Triumph des realen Sozialismus da, wie sein Antlitz und seine Kehrseite. Wie jemand, der sich noch nicht gänzlich mit der Erkenntnis versöhnt hat, nach der sich hinter der Maske des Fortschritts das langweilige Gesicht des Todes verbirgt, vor dem die Zukunft zergeht wie die letzten Takte der Hymne, die schon längst niemandem mehr gehört.

Er entschloss sich zunächst zu einer Reise mit der Eisenbahn, die ihn bis zu den steilen Straßen von Wladiwostok führen würde, vor dessen Füßen die Ungeheuer der Pazifikflotte schlummern. Fast unmittelbar danach begab er sich, dieses Mal in Begleitung seines Enkels und einiger Freunde – zu welchen auch ich zählte – auf eine federleichte Spur der Utopie. Nach Havanna schaffte er es, mit einem dunkelblauen T-Shirt, auf dem die Aufschrift *Jugopetrol Podgorica* prangte, und mit einer khakifarbenen Hose bekleidet, Anfang Februar, wie schon gesagt – und dank der Gnade mexikanischer Grenzbeamter.

Kaum gelandet und nachdem er relativ bequem ein geräumiges *casa particular* am Rande des Viertels Vedado bezogen hatte, begann für den Großvater die Zeit des Hungers. Der Hausherr, ein in Leningrad ausgebildeter Maschinenbauingenieur, sprach fließend Russisch und etwas Englisch, aber außer an eine veraltete und vielleicht allzu zeremonielle Begrüßung konnte sich der Großvater nur noch an das Wort хорошо erinnern, das er brav wiederholte. Gewöhnt an eine Diät aus Käse, Joghurt und selbst zubereitetem Lammfleisch, wanderte er tagelang wie ein grauhaariges Gespenst durch die Straßen unterhalb des Hotels Habana Libre – eines gigantischen Fernsehbildschirms, der knapp ein Jahr vor der Revolution fertiggestellt worden war, in dessen Programm sich heute noch völlig abstrakte Melodramen der Mosaikkünstlerin Amelia Peláez abspielten – bis er erst am dritten Tag im Herzen der Altstadt von Havanna eine Molkerei fand. Wild entschlossen, nichts mehr dem Zufall zu überlassen, versorgte er sich mit einem zweieinhalb Kilogramm schweren Würfel aus reifem Käse und mit einem Kanister mit fünf Litern Joghurt. Ein Mädchen tippte mit ihren hohen Absätzen auf dem Gehsteig der Avenida Paseo schamlose Botschaften im Morse-Alphabet. Amerikanische Spione dösten unter Baseballmützen. Kreuzworträtsel lagen vergessen auf den Tischen, hoffnungslos, vollständig ausgefüllt.

Die kommenden Tage verbrachte er hauptsächlich – *hi-jo, hi-jo, mi hi-jo*, immer dasselbe schlaflose Jojo, das der Straßenobsthändler ausrief – in den Gassen von El Centro, vor den Schülerinnen auf den Mauern des Malecón daher stolzierend oder vertieft in die Begegnung von süßem und salzigem Wasser an der Mündung des Río Almendares, er trank gelegentlich einen Schluck Joghurt aus einem praktischen Flachmann, zählte laut die Automodelle auf, die von einer unsichtbaren, ihm unbegreiflich wohlgesonnenen allmächtigen Hand direkt aus den Katalogen seiner jugendlichen Träume herausgeholt zu sein schienen. Es gab Ford-Trucks aus der Zeit der Prohibition, die von Motoren chinesischer Traktoren angetrieben wurden, zusammengeflickte Chevrolets aus den vierziger Jahren, polierte Buicks aus den Fünfzigern – Roadmaster Riviera, Century Caballero, einen türkis-weißen LeSabre – und unwirkliche, schwebende, gründlich präparierte Cadillacs aus heimlicher Produktion, voller übergewichtiger Touristen. Dann erweiterte sich der Fuhrpark um Modelle aus seinen reifen Jahren, es knatterten die durchlöcherten Auspuffe von Moskwitschs, Škodas und gelben Ladas vorbei, um sich schließlich in den blinden Fleck eines dunkelblauen PZ zu verdichten, der identisch mit jenem war, mit dem der Großvater – *Sohn, mein Sohn, mein Sohne-mann*, die unerbittlichen Kolben klopften – zu Beginn dieser Woche zum Flughafen von Podgorica gefahren war.

Als ihm im überfüllten Bus für einen Peso Cubano, der auf der La Línea in Richtung Mirador holperte, fast seine gesamten Ersparnisse aus der Tasche gezogen wurden, sagte Großvater: *Es spielt keine Rolle, wie viel Geld man hat, alles passiert ohne Wirkung, gerade jetzt.* Zwei Wochen später, als ihm in einem Fischerdorf unweit von Playa Girón, wohin er sich zum Angeln, Sparen und Heilen seiner Wunden zurückgezogen hatte, ein verrosteter Haken durch den Finger stach, sagte Großvater: *Das einzige Mittel gegen eine Morphiumvergiftung ist noch ein bisschen mehr Morphium.* Als er zum Postament des Denkmals in Santa Clara kam, jenem Denkmal, auf dem ein riesiger Che in Bronze voranschreitet, immer weiter vorwärts und vorwärts, vorwärts ungeachtet des Todes und der Gesetze der Physik, wobei er seinen kurzen Karabiner fest umklammert, hob Großvater die geballten Fäuste in die Höhe, wie Tommie Smith und John Carlos in einem einzigen schwarzen Körper nach dem Sieg 1968, und sagte: *Komm, lass uns zum Grab hinuntergehen.*

Unten, in der Krypta mit den Namen der Revolutionäre, fiel ein Stern des Tageslichts auf die Platte, dahinter brannte die aus Bolivien überführte Asche. Großvater legte eine Nelke unter die Knochen, wischte sich mit dem Ärmel über die Stirn und ballte noch einmal für sich die Fäuste, sagte: »Mein Sohn ... die können uns mal alle.«

Jamila spricht

Es war wie ein Glück, an das ich mich nicht erinnere. Als würde ich mich für einen Moment in einem Netz aus feuchtem, klebrigem Licht wiederfinden, in einem Strahl, der mich sanft von der Erde hebt und mich wie eine Mutterhand in den Schlaf wiegt, dem Auge eines Leuchtturms ähnlich, welches die dicht besiedelten Viertel durchschneidet, die sich zwischen mir und dem Meer erstrecken, in langen, wie Blut viskosen Nächten, Nächten, die wie durch ein Wunder jedes Mal enden, meist nur eine oder zwei Stunden, nachdem ich die schweren türkisfarbenen Fensterläden schließe und vor dem Tageslicht das Fenster versiegle, durch das ich die schlafende Stadt betrachte, diese Sau, die jeden Abend aufs Neue von einem Beil aus Licht zerfetzt wird, durch filigrane Henkersarbeit, die von der Morgendämmerung mit der Flut der Sonne zerlegt wird, durch die trockene, irrsinnige Bombe der Sonne. *Die Sonne* – meine Mutter, *die Sonne* – mein Vater, beide Ärzte, er ein Lungenspezialist, sie eine Kinderärztin, Vater und Mutter – *die Sonne, Jamila, die Sonne* – zuerst in einem fernen afrikanischen Land, in irgendeinem dreckigen Urwaldkrieg, vielleicht Angola, vielleicht Mosambik, ich weiß es nicht, inmitten der immer gleichen riesigen Fliegen, inmitten der Würmer und aufgeblähter Bäuche, inmitten der Gedärme in jener feuchten heroischen Zeit, vor meiner Zeit; später, später blaues Ägypten, Sphinxen und schöne Profile, Damen und Genossinnen, Blockfreie, Wasserpfeifen, Ägypten, daher stammt der Name, sechs Silben, die – *Jamila Medina komme her, Jamila Medina schweige* – ich immer erklären musste, immer aufs Neue – *Ägypten, wissen*

Sie, Araber, Schlamm – ein Name, den meine Eltern in voller Länge nur zusammen mit der Last des Imperativs aussprachen, nur eingetaucht in Dinge, die Zeitwörter verlangten, die Stille von Holguín auflösend, einer grummelnden Stadt, einer Stadt, von der die Farbe abblätterte, wie von dunkelblauen Fensterläden, einer Stadt, die nie Zeitwörter mochte.

Aber jetzt ist meine Mutter diejenige, die einen Arzt braucht. Die Kollegen sagen *Jamila ...* – meine Mutter – *schweigt* – die Kollegen sagen – *etwa so ...* – meine Mutter rückt einen Hemdkragen zurecht, glättet mit der Hand die Falten ihres Kleides, meine Mutter – *sagt nichts, das bin jetzt ich, die anstelle der Mutter spricht, als käme die Stimme irgendwo aus ihrem Bauch, aus einem Wald so tief wie ein Echo* – ich höre die Kollegen auf dem Krankenhausflur, in den Hallen des Klinischen Zentrums, das seinen Namen trägt – *ich habe ihn nie getroffen, aber meine Freundin hat ihn getroffen, mehrmals, er war wie sie Dermatologe, ein junger Dermatologe, und Buenos Aires klang so kalt, fern; er spezialisierte sich auf Leprakranke, wie ein Messias, der er auch war, ein wunderschöner junger Messias, ein Führer, den ich nie getroffen habe, aber ich sah ihn aus der Ferne, zwei oder drei Mal; jedes Mal war es, als könnte ich ihn beinahe berühren* – ich höre die Kollegen flüstern – *er war in Wirklichkeit ein Dichter, ein verfluchter Dichter der Revolution* – so sagen sie, und draußen reibt der Wind den Staub an seinem Gesicht, sein Gesicht größer als die Angst, so groß wie die Jugend und die Welt und das Leben, ja, so groß wie das Leben selbst.

Dieses Leben, was um mich herum aus zehntausend rußigen Augen brummelt, aus den Blicken der Hunde, die besonders laut knurren, wenn ein coche americano voller Mörder und Parasiten vorbeidonnert; es schneidet die schwere Luft um mich herum, wie der Scheinwerfer eines Leuchtturms, wie ein riesiger Deckenventilator, es pulsiert, aber ich höre es nicht, es krümmt sich, aber ich sehe es nicht, dieses Leben, in Hosen gestopft, wie das eines vierjährigen Kindes. Vor ihm – vor den Kollegen, die geflüsterte Dinge sagen, die ich nicht hören will, aus deren Mündern Spinnen herauskriechen und einen zarten Schleier aus Gerüchten spinnen, vor den Verkäufern, die morena schreien, vor den Papageien und Salsa-Tänzern und vor der Schlange aus Menschen, die vor der Kuppel von Coppelia ein Vanilleeis kaufen wollen – vor diesem durstigen Leben ziehe ich mich in meine winzige Wohnung auf der Calle 25 zurück, unweit der Treppen der Universität, in das Schächtelchen mit türkisfarbenen Fensterläden, von denen die Ölfarbe abblättert, als bestünde sie aus Fischschuppen, die Wohnung, die ich mit dem Geld für einen großen Literaturpreis bezahlt habe, dem Preis, der nach einem Dichter benannt wurde, den ich liebe, von den Fenstern öffnet sich der Blick zum Meer, vor dem sich der Malecón wie eine versteifte, verängstigte Schlange aus Sand dahinwindet. Ich steige die Treppe hinauf, während die Sonne – *die Sonne, Jamila, die Sonne* – langsam untergeht, ich gehe schnell die Treppen hinauf, schleiche zwischen Kübeln mit Ficus-Bäumchen und blühenden Blumen herum, roten und weißen Trichtern, die wie Schlünde wilder Tiere klaffen, wobei ich darauf achte, die Aufmerksamkeit des Hausverwalters nicht zu erregen, dessen Tür immer offen steht, und der seine Nase gerne überall reinsteckt – *Jamila, die Sonne*, ich steige hinauf durch die Spirale des Treppenhauses, begleitet von dem Stimmengewirr meiner Nachbarn, deren Wohnungstüren immer offen stehen, in steige hinauf in den Duft von Bohnen und Fleisch, in den Klang aus Dominos, Streit und Liedern über die schwarze Liebe, an der Tür im dritten Stock vorbei, an der ein Schild verkündet, dass hier Fidel und Raúl während ihres Studiums zusammenlebten, an derselben Universität, an der ich zu einer – *dottoresa* – wurde, – *dottoresa, Jamila, die Sonne* – eine Doktorin der Literaturwissenschaft, Expertin für Literatur, die mich am Leben hält, da sie wie ein unzähmbarer Strom der Poesie durch die Dinge fließt, alle Dinge; so steige ich zu meiner Wohnungstür hinauf, sicheren Schrittes, als sei es das letzte, was ich tun würde.

Ich öffne die Tür und lege den Aktenordner auf den Tisch, die Mappe mit den lateinischen Diagnosen, die falsch sind, wie diejenigen, die sie gestellt haben, nehme die Bücher von den Stühlen – die Gedichte von Luis Cernuda und Nicolás Guillén, Letzteres in einem feierlichen Einband, eine Ausgabe anlässlich der Verleihung des vierunddreißigsten Friedenspreises, der von Stalin gestiftet worden war, die Originalausgabe, einmal vor langer Zeit in die Hände meiner Mutter gelangt, beide Romane von José Lezama Lima, von denen *Paradiso*, besonders *Paradiso*, wie ein Fleischklopfer in der heißen kubanischen Nacht schlägt, dann die Übersetzungen von Calvert Casey – ich entferne alles, was stört, bevor die Sonnenbombe endlich vollständig untergeht und ich das eiskalte Licht des Leuchtturms eintreten lasse, ich setze mich, schüttele Zaubersprüche von mir ab, den Klatsch von den Fluren, die Andeutungen, die Gerüchte – *carc, Jamila, die Sonne, carc, Jamila die Sonne, carci... und noch etwas, was beklemmend ist und unverständlich,*

das werde ich nicht aussprechen, es ist der schale Bo-
densatz, der Morast einer dahinsiechenden Sprache
– ich sitze und durch das leere, leuchtende Blatt kann
ich kaum erkennen, was ich jahrelang glaubte zu sehen,
wobei ich überzeugt war, dass es so kommen musste: die
Guillotine, glänzender als das Gleißen der Sonne, nähert
sich dem Hals; der Kopf rollt, bis jemandes Stiefel ihn
stoppt. Ich saß hinter den türkisfarbenen Fensterläden
und pfiff durch die Zähne ein Lied von Victor Jara, einem verfluchten Chilenen, ich pfiff der Nacht entgegen,
schlug mit der Zunge gegen die Wände des weißen Kä-
figs, zischte bisweilen wie Gas in der Leitung, wie eine
zahme Schlange, und wartete darauf, dass uns der Tod
zusammenpressen, dass er uns bis zur Nicht-Existenz
durch sein riesengroßes Sieb sieben würde, doch nein,
der Tod kam nicht.

Ich spuckte auf das Papier, schob das zerfallende
Holz zur Seite, wünschte mir, dass darauf anstelle von
Spucke zumindest für einen kurzen Augenblick folgende
Worte als Weissagung und als Verurteilung erscheinen
würden: *öffnet die Augen, reißt die Rippen auf – hebt*
hoch das Kalbsherz, ihr Metzger.

Schwiegersohn

Er erschien plötzlich, während wir auf einer Bank ein lauwarmes Cristal tranken, er tauchte als Krankheit auf oder als Freund, der seit Langem eintritt ohne zu klingeln, er erschien auf der grasbewachsenen Insel, die gleichmäßig die Avenida de los Presidentes durchschneidet – wie ein Skalpell, wenn es durch das Rückenmark gleitet, wie eine Pflugschar, wie ein Schwimmer – irgendwo auf dem halben Weg zwischen dem Denkmal für General José Miguel Gómez und dem Denkmal für den heiligen Salvadore Allende. Die Bank ähnelte den Bänken, die in den verstreuten Parks unserer Kindheit eingepflanzt waren, es war eine solide, alte sozialistische Bank, wie man sie früher überall in Jugoslawien finden konnte und immer noch finden kann, eine Bank, die viel bequemer ist als jene Metallschnickschnacks in Paris oder die snobistischen Sitzgarnituren in den Gartenlauben in New York und in New England. Es war Samstag, drei Uhr in der Nacht, die grasbewachsene Insel war voller angetrunkener Taugenichtse; die Kommunalpolizei hatte sie ohne Eile, nur gelegentlich in die Trillerpfeifen blasend, auf dieses Niemandsland zusammengetrieben, als sie Malecón säuberte. Sobald die Kantinen und Diskotheken und sogar die Bars des schlechten Todes – *de mala muerte* – geschlossen wurden, und ein Konzert für die Opfer des letzten Hurrikans – solche Winde waren offenbar meine Begleiter geworden – nach dem anderen beendet war, wurde der Andrang auf die Bänke immer größer, und der Rum verdampfte heiß aus der Haut und berauschte die Motten und Fledermäuse, wischte Möwen und Turteltauben vom Himmel, er dehnte sich in seiner doppelten Eigenschaft als Welle und als Teilchen durch den Äther, als wäre er aus einer Flinte langsam abgeschossener, flüssiger Schrot.

Die letzte *bar de mala muerte* verließen wir in voller Besetzung, vier betrunkene, von der Nacht klebrige Kreaturen, die einem Faden aus zerstiebenden Straßenlichtern nachstolperten. Unterwegs kickten wir behaarte Mangokerne und warfen den Büsten von José Martí Luftküsse zu, den Gespenstern aus Gips, die über die Höfe und stillen Häusereingänge verstreut waren. Die Scham der zögernden und sich ziemenden Bewegung, die unerträgliche Steifheit des menschlichen Baumes, der sich kaum traut zu wiegen, wenn auch vom heißen Wind der Salsa getragen, verdampfte zögerlich aus unseren Beinen, und die Haut vergaß allmählich den Verrat der brüderlichen Haut, der Körper vergaß die Herausforderung des im Rhythmus schwingenden Körpers. Sobald wir Vedado erreichten, fiel J. in sein Bett, und fünfzehn Minuten später näherten sich drei Männer unserer Bank, angeführt von einem dünnen Typen mit sprechenden Augen. Der Größte von ihnen, ein Schwarzer, der an eine gerupfte Version von Mr. T erinnerte, trug eine Boombox unter dem Arm, aus dem Queen's »Innuendo« dröhnte. Sie tranken jeder einen Schluck, musterten die Bierdosen und rannten dann sofort los, ungeschickt wie in einer Slapstick-Komödie oder einer Szene aus der *opera buffa. – Hey Bruder! So geht das nicht! Bring das Bier zurück!*, rief ich in meiner Sprache, während Ritchie Blackmore aus dem Lautsprecher immer schwächer zu hören war, je weiter sie sich entfernten. Der Sketch endete erwartungsgemäß und zugleich völlig unerwartet: die Melodie hing in der Luft, steif wie ein aufgeschrecktes

Kaninchen, und der Dünne mit Schildmütze, auf der *Pedro* geschrieben stand, setzte sich neben mich und begann zu sprechen.

Anfangs waren die Worte holprig, beinahe nicht zu verstehen, sie rollten sich wie eine langsame Lawine von Silben über den Damm von Kehle und Zeit und wurden wie mit einem Schürhaken aus der kalten Asche des Vergessens hervorgezogen. *Ja ne-svrs-tan, ja ne-svrs-tan – ich-block-frei, ich-block-frei*, tickte die Nachricht, die mich mit einer Verzögerung von mehr als zehn Jahren erreichte, während der Dünne mit jedem Satz artikulierter wurde, verständlicher und klarer, bis die Worte schließlich das taten, was Worte auch sonst tun: unaufhaltsam fließen und sich zur dichten Magie des Sprechens addieren. – *Vi znate Bata Životinja? Bata Životinja? On umril – Sie kennen Bata Životinja? Bata Životinja? Er gestorben –*, sagte er, und in meiner Erinnerung erblühte eine bis dahin fast vollständig verwelkte Belgrader Mainacht wie eine Jerichorose. Das Pflaster der Zdravko-Čelar-Straße warf plötzlich Knospen auf, dieselbe Nachricht über den Tod des jugoslawischen Schauspielers Bata Životinja, Životinović, genannt Bata Životinja, Bata das Tier, die Nachricht, ausgesprochen von der kräftigen, kehligen Stimme eines Sprechers, die durch das offene Fenster aus einer nur vom Bildschirm beleuchteten Wohnung drang, hallte vom Straßenbelag wider. Ich erinnerte mich an J.s Geschichte über die Offiziere der Frente Polisario, ehemalige jugoslawische Studenten, deren erste Frage in den Wüstenlagern Algeriens lautete – *Je li, jel peva još Lepa Brena? – Sag mal, singt Lepa Brena noch?*

Ein orangefarbener Schrei, verloren wie ein Telegramm zwischen den Welten, ein von den beiden Nächten noch nicht unterzeichneter Pakt, ein Schrei, der aus

46

einem der verfluchten Zimmer des Edificio Palace hätte kommen können, des ehemaligen Hotels, oder von irgendwo aus Richtung Avenida Paseo durchbrach den Himmel über Havanna.

Er ist gestorben, ja. Vor ein paar Jahren – ich presste die Worte aus mir heraus wie ein schlafender Prophet.

Gestorben, ich weiß, Bata anrufen und sagen, »Ich sterben«. Und tatsächlich, sagte er. *Dann er gestorben.*

Der dünne Marcos mit dem Käppi, auf dem Pedro stand, war weder ein verrücktes Medium, noch ein Lügner oder ein richtiger Drogenabhängiger; Marcos mit den Augen, die Zeugnis ablegen, sprach jetzt schnell und ohne Unterbrechung und schwitzte unter der Kappe – dieser Marcos war Batas Schwiegersohn. Als Student aus einem blockfreien Staat – *Belgrad, danach der Krieg, die Neunziger, Verrückte, Bomben, buuum, alles leuchten, Kneipen, Belgrad, die Schönheit, Spanferkel, Maschinenbau, du wissen, Säule auf Hügel, wie heißt das, Avalon*, redete er weiter – hatte Marcos Helena, die Enkelin von Bata Živojinović, geheiratet und mit ihr einen Sohn namens Andrej bekommen, ein wunderbares Kind mit Down-Syndrom, dessen Krankheit sich zwischen die beiden geschoben – *ein bisschen Trinken, und ein bisschen Wahnsinn, und Belgrader Mädchen, und der Norden, so viel Norden, die Weiße Stadt so grau und nur weiß, weil viel Schnee* – und ihn schließlich zurückverfrachtet hatte, in die Wunde der dichten Nacht von Havanna. Bata war zweimal zu Besuch gekommen – *sie hatten Rum getrunken, Zigarren geraucht, waren ins Cine Yara gegangen* – Bata hatte ihm *Geld für ein ganzes Jahr gegeben*, aber Marcos war nie wieder in Belgrad gewesen; seit er weggegangen war, hatte er nie wieder Andrej gesehen und nie mehr Helena gehört.

Die Stille aus dem Körper des Telefonhörers, die Stille aus den seltenen Briefen, die Stille der verlorenen Sprache, die inmitten des Stimmengewirrs klingt, begleitet von schrillen Pfiffen aus den Trillerpfeifen, von gelegentlichen Rufen und vom »Speed King« aus einem mächtigen Lautsprecher; eine glitschige Sprache, die sowohl Mr. T wie auch den Dritten im Bunde in Staunen versetzt hatte, eine Sprache wie das Faseln einer verhexten Hausfrau in fließendem Latein; eine Sprache, die für mich lebendig und für Marcos klinisch tot war. Die Stille zog für einen Augenblick zwischen uns und verband uns auf eine unwirkliche Weise, gedehnt wie ein Kaugummi mit dem Geschmack von Scham und Tod, verkörpert in einer luftigen, aber undurchdringlichen Blase der Niederlage. Wir leerten mehrere Dosen Cristal und eine Flasche Havanna Club. Die Geister schwebten jetzt frei, und die Jerichorosen der Erinnerung entfalteten sich wie Alveolen, wie ein mutierter Familienstammbaum, über dem die Geister der Möwen schwebten und von dessen Ästen die Gehängten sanft im Belgrader Wind košava baumelten. Wir schüttelten uns die Hände und dann beobachteten wir die Umrisse der dunklen Torsi, bis diese irgendwo in Richtung Calle Zapata verschwanden, während die Nacht sich auflöste und die Betrunkenen immer leiser wurden und der Geruch des albtraumartigen Meeres langsam die Nasenflügel überflutete, er stieg auf in blindem Trotz gegenüber der irdischen Gravitation, so wie es nur das Meer und sein liederlicher Moschus können.

Dann dämmerte es und der Schlaf kam wie ein Gerichtsurteil, nach dem niemand mehr jemals aus Angst vor der Möglichkeit der Vergebung beben wird; aus Furcht, dass man eines Tages wirklich freigesprochen werden könnte.

Kike

Die Straße nach Santa Clara. Ein Chevrolet Bel Air von sechsundfünfzig, türkis-weiß, unter der Motorhaube wie unter dem Himmel eine Liebe und ein Wahnsinn und etwas Verzweiflung komprimiert, getrieben von den wütenden Takten eines verpflanzten Traktorenherzens, diese Gallione, getrennt von der Welt und gleichzeitig mit ihr verschmolzen, pflügte den abgeschälten Asphalt mit einer Geschwindigkeit von hundertzwanzig Kilometern pro Stunde und säte südliches, melancholisches Glück in meine Seele. Die Sonne blitzte im verchromten Rückspiegel auf, streifte die Fenster der Zuckerrohrfabrik und hielt an den Plakaten inne, die anstatt der Werbung für Coca-Cola und Telekom eindringliche Botschaften trugen, etwa: *Mehr Sozialismus, mehr Freiheit, mehr Solidarität oder Vorwärts in die revolutionäre Zukunft.* Der heiße Wind blies den schwarzen Rhythmus des Kontinents aus den Ohren: über die Rasseln und Trommeln, die an den Krampf einer Klapperschlange erinnern, über flüssige Orgeln verkündete der Eidechsenkönig seinen eigenen Nachruf mit einem Schrei:

Blood in the streets in the town of New Haven
Blood stains the roofs and the palm trees of Venice
Blood in my love in the terrible summer
Bloody red sun of fantastic L. A.

und direkt am Eingang der Stadt, inmitten des glühenden Gürtels aus Asphalt, zerlegten vier Geier Aas unbekannter Herkunft. Ich öffnete das von Fliegen verdreckte Fenster und atmete den Duft von Federn und Tod ein, einen Albtraum aus Licht und Staub: die süßliche Unterschrift der Freiheit.

Enrico Mariano Gagualera, genannt Kike, seine Mutter der Herkunft nach aus Kalabrien – zweite karibische Generation; ihre Mutter hatte noch Teigwaren geknetet und in einem Dorf in der Nähe von Cosenza saftig geflucht –, saß da mit einer verkehrt übergestülpten Kappe und trommelte auf seinen nackten Knöchel, mit einer zu einer Röhre zusammengerollten *Granma*, dem offiziellen Presseorgan der Kommunistischen Partei Kubas, einen Rhythmus, der dem Rhythmus von Galeerensklaven grausam ähnlich war. *Granma* trägt den Namen des Schoners, von dem im Jahr 1956 die Revolutionäre an Land gegangen waren – es gab ihrer insgesamt zweiundachtzig –, angeführt von den zukünftigen Kommandanten Fidel, Raúl, Che und Camilo, von ihnen würden kaum zwanzig den Dschungel der Sierra Maestra erreichen, was fast genau zwei Jahre später zur Entführung eines Panzerzugs und schließlich zur Niederlage Batistas führte, genau hier, auf den Straßen von Santa Clara. Um ihn herum pulsierte der Parque Leoncio Vidal mit den Seufzern eines Februarnachmittags. Rentner drehten immer kleiner werdende Kreise um den Platz, für einen Peso fuhren Kinder mit dem kleinen Zug herum, der von einer Ziege gezogen wurde, Glocken läuteten und Tauben gurrten, wobei sie nach etwas pickten, was Seelen ähnelte.

Enrico Mariano Gagualera, genannt Kike, erhielt seinen Namen nach seinem Vater Enrique, einem Funker, der zunächst in der UdSSR und dann von nordvietnamesischen Instruktoren ausgebildet worden war und der im Winter 1976 in einem düsteren Winkel nahe Luanda seine Knochen ließ, am Rand der Regenwälder, die sich von der Küste des Ozeans bis hin zu dem prachtvollen, wie von Zyklopen erschaffenen blinden Fleck Afrikas erstrecken, einem Fleck, der wie ein riesiger Blutstropfen anmutet. Zum Zeitpunkt, zu dem die Nachricht per Telegramm Santa Clara erreichte, schrie seine Mutter bereits mit beträchtlicher Lautstärke, da der zerkratzte Kopf des damals noch namenlosen Enrico zwischen ihren Beinen hervorzutreten begann. Vielleicht auch deswegen, wegen dieser wütenden Kollision der Todesnachricht und seines nackten Scheitels, die als Biss des Schicksals in seinem Fleisch eingeprägt bleiben wird, so erzählte er, sei er sein ganzes Leben lang der großen kubanischen Sache treu geblieben, doch dabei auch ein überzeugter Anarchist gewesen, ein Leser von Bakunin und dem verdammten Malatesta. Kike spricht fließßend Italienisch, Französisch und Englisch, beginnt das Gespräch mit der Frage: – *Sprechen Sie vielleicht Tschechisch?* – und er weiß mehr über den jugoslawischen Volksbefreiungskrieg sowie über die späteren jugoslawischen Kriege als der durchschnittliche Zagreber Student. Die Indikatoren zur kubanischen Wirtschaft, möglicherweise leicht geschönt, rattert er herunter, als würde er durch die Jahrbücher des Zentralkomitees blättern: Entweder ist er tatsächlich Referent für internationale Zusammenarbeit an der örtlichen Universität – *an der mehrere hundert Ausländer studieren, darunter sogar vier Amerikaner* – oder er steht auf der Gehaltsliste der Dirección de Inteligencia. Was sich im Übrigen nicht gegenseitig ausschließt.

Mit Kike gehen wir in den El Mejunje. Der Club entstand auf den Ruinen eines verlassenen Kolonialhotels. Tagsüber fungiert er als Café, und nachts werden der offene Hof und die Tanzflächen von einer bebenden, vom Rhythmus verrücktgewordenen Melasse überflutet, die sich aus lokalen Alternativen, Schwulen, Lesben, Transsexuellen unter schwerer, vom Schweiß verschmierter Schminke, Kiffern und alten Punks zusammensetzt. Eine Gruppe seiner Freunde kommt, man trinkt Rum, noch mehr Rum und blindmachende Cocktails; Fledermäuse bringen die Krone einer Königsakazie zum Wiegen, Medizinstudenten tanzen mit fröhlichen *maricas*. *Der Abend begann wie jeder andere* – sagt er – *der Abend, an dem bekannt gegeben wurde, dass Fidel gestorben ist.* Er war auf einem Punk-Konzert, betrunken von der Nacht und vom Westen, als zwei Polizisten die Band unterbrachen, die spielte, als gäbe es kein Morgen. Zuerst fuchtelten sie nur mit den Armen, als wären sie verrückt geworden oder als hätte die irre Pogo-Maschine auch sie ergriffen, doch dann gelang es einem, das Mikrofon an sich zu reißen und über das betäubende Dröhnen der Schlagzeuge hinweg zu rufen: *¡El comandante está muerto!*, was wie eine Provokation oder ein Refrain hätte klingen können, doch es war die reinste Wahrheit. Im Nu wurde es still, und der nächste Tag kam trotzdem, aber es war, als wäre der Morgen doch nicht wirklich gekommen, als hätte das, was mit der Sonne kam, eine trockene Kehle, und als wäre es ganz gewöhnlich und als wäre es – wie es üblicherweise an einem verkaterten Morgen der Fall ist – auf eine seltsame Weise vom Licht entleert, getrennt von dem, was noch kommen und was sich in dem stummen Abgrund der Zukunft häufen würde. Es wurden sieben Tage nationaler Trauer ausgerufen, und die kaltgewordene Asche zirkulierte wochenlang durch Kuba, genau wie damals die von Tito, bevor sie endgültig dort unten in Santiago zur Ruhe kam, unter seinem Vornamen, der auf einem lebendig wirkenden und einem Mühlstein ähnelnden Steinblock angebracht wurde. Wenn er darüber sprach, weinte Kike, starrte kurz auf den mit Bierflaschenverschlüssen und Zigarettenstummeln gepflasterten Boden und wischte sich dann das Gesicht mit dem Hemdärmel ab.

Am nächsten Tag auf der Straße nach Cienfuegos, eine Stadt am Ozean, die von französischen Flüchtlingen nach dem Verkauf von Louisiana gegründet wurde. Der Fahrplan, den Kike auf einen Zettel gekritzelt hat, entpuppt sich als ungültig; diese Linie fährt seit Monaten nicht mehr. *Es ist fraglich, ob sie je wieder fahren wird* – sagt eine Angestellte mit schrecklich dicken Brillengläsern; Gläsern, in denen ich das Spiegelbild mehrerer Jungen erkennen kann, die einen zotteligen Hund über den Bahnsteig ziehen, die Verkäuferin von Gemüse, Snacks und Zeitungen, die kurzen Waggons, die sich auf den fettigen Schienen drängen, eine Lokomotive, die kurz davor ist, mit einem Pfiff die Abfahrt anzukündigen, ich sehe mich, schwarz im Gesicht und dick geworden vom aufgeschobenen Tod, alle Vögel am Himmel über uns und die Plätze von Santa Clara, die verdunsten und mit dem Himmel zu einem leeren Theater verschmelzen; wie eine Prolepse erblicke ich im Glas einen Fisch, gefangen in einem Aquarium seiner Länge, etwas zwischen Hecht und Stör, einen Predator, der möglicherweise aus irgendeiner sibirischen Kloake angeschwommen ist, der unablässig auf einen Finger lauert und sobald sich eine Gelegenheit bietet, zubeißt – es war der traurigste, melancholischste Fisch, den ich je gesehen habe. Wie ein Atemzug aus der Vergangenheit und das Abbild von etwas Zukünftigem blitzte für einen Moment ein heißer Stern aus Licht auf, die Sonne, die zur Erde herabgestiegen war, um wie ein

Streichholz eine Kerze anzuzünden; damit die Krypta, vergleichbar mit einem Heuschober in den Eingeweiden, auflodert und damit die verfluchten Dichter der Revolution auferstehen und das Wort zur Kugel und zu Brot werde.

Hemingway spricht

Natürlich, kurze Sätze. Kurze, Martha, wie eine Salve, die jemandem gewidmet ist, den man respektiert; wie der Atem eines Läufers oder wie der Gedanke an den Tod in jener Stunde, in der man das Blut des Stiers bereits riechen kann.

Es ist höchste Zeit, dass du gehst. Das Haus ist bezahlt, dem Franzosen habe ich 12.500 Dollar in bar hingeblättert, fast den gesamten Vorschuss, seit gestern habe ich den Schlüssel in der Hand. Es heißt Finca Vigía und der Name lügt nicht. Havanna dampft in der diesigen Nachmittagshitze wie eine Tasse Tee; die Kuppel des El Capitolio glänzt und man kann fast den Klang der Glocken hören. Von der hinteren Veranda aus schweift der Blick zuerst über das Dickicht aus Palmen und Mangobäumen, senkt sich danach auf die schlammigen Vororte und auf die Paläste der bleichen Herrschaften, folgt dabei dem losen Faden der Straße und stößt schließlich gegen die Mauer der Stadt, die von hier aus so unschuldig anmutet, gerade geboren, wie in dem Gedicht von Lezama Lima. Hinter dem Wald aus Fleisch und Mörtel, hinter der Mühle aus Salsa – einem Tanz, dem gewiss etwas Mystisches innewohnt, vielleicht sogar etwas von einem Gebet – erstreckt sich das unwirkliche blaue Feld bis nach Miami. Irgendwo dazwischen, auf halbem Weg, glaube ich den Schornstein des Hauses in Key West zu erahnen, und es scheint, als flögen Kormorane von ihm auf. Wenn du mit einem starken Militärfernglas hinschauen würdest, könntest du, Martha, ich schwöre es, sehen, wie Pilar friedlich auf den vom Nachmittagswind aufgewühlten Wellen schaukelt, den verschwitzten

Schenkeln eines Tänzers ähnlich. Ich sitze auf dieser Veranda und warte auf deine Entscheidung, auf die Bestätigung, für die nur eine Karte notwendig ist, drei einfache Buchstaben in Morsezeichen. Schreib keine Briefe. Man soll keine Worte verschwenden. Die Papageien kreischen unerträglich, von irgendwo ertönen Hammerschläge, und in Europa brodelt es schon gewaltig, und es ist nur eine Frage der Zeit, wann die Welt wieder aufkochen wird. Katalonien kannst du als Prolog lesen, die Geschichte beginnt eigentlich erst hier. Spar dir die Kommata, Martha, sie sind verzweifelte Seufzer des Textes, und hüte dich ebenfalls vor dem Punkt. Sobald sich die Schützengräben wieder öffnen, werden Worte wie Stahlnadeln kommen, um Wunden zu nähen. Bis dahin füge ich noch einen Eiswürfel hinzu und warte auf dich, während die Dunkelheit diesen verkauften Palmengarten erstickt, diesen zerrissenen Traum, und Kuba unsicher der Nacht entgegen taumelt und sich wie eine Frau in die Dunkelheit stürzt, in deren Brust ein unruhiges, schweres Messer aus Rum brennt.

Ich erwachte verkatert. In dem geräumigen, fast leeren Esszimmer, dem Raum, den ich zur Bibliothek machen will, fand ich auf dem Tisch einen übereilten, maschinengeschriebenen Brief an Martha, zerknittert und etwas feucht. Er war voller Floskeln, strahlte eine übertriebene Süße aus und anhand einiger Verse eines kubanischen Dichters, den ich kürzlich gelesen hatte, verriet mich dieser Brief als unannehmbar schwach. Wenn ich Martha wäre, hätte ich mich wahrscheinlich gefragt, ob dieser Mann derselbe Mensch ist, dem ich vor ein paar Monaten fest in die Augen blickend dreimal *Ja, ich will* gesagt habe, und ich hätte diesen Verlierer warten lassen, er soll ruhig in seinem prächtigen Hühnerstall inmitten des Dschungels warten, umgeben von Affen. Ich zerriss den Brief, legte ein sauberes weißes Blatt in meine Underwood und begann mit diesem Inseltagebuch.

Die Finca Vigía ist ein wahrer Lotteriegewinn: es scheint, als hätte Martha Recht. (*Genau das am Telefon sagen!*) Selbst völlig allein hier, nur mit dem notwendigen Personal, umgeben von leeren Wänden, ausgestattet mit meiner Schrotflinte, einem Bündel Hemden und kaum einem Buch, empfinde ich eine unerklärliche Dichte der Zeit, die aufkommt. Diese Zeit tobt in mir wie ein Erdbeben im Mittelohr; wie wenn die Roulettes aller Casinos von El Centro gleichzeitig von ihren Sockeln gerissen würden und ins Rollen gerieten, wobei sie unaufhaltsam alles zermalmten, Menschen, Autos und den Traum, und dabei einen ausgelassenen Foxtrott unter der Kristallkuppel der Tropicana tanzen würden, während der Trommler und die Bläser des Alfredo Brito Orchesters einen ohrenbetäubenden, scheinbar endlosen Tusch schlagen. Der Pool ist zwar kleiner als der, den Pauline in Key West hatte ausheben lassen, doch das Anwesen verfügt über einen Tennisplatz, eine rote Wüste, die ich eigenhändig umpflügen werde, sobald die ersten Schläger eintreffen. (*Luis sofort bitten, vier Paar Super Winner Deluxe zu bestellen!*) Manchmal kommt es mir hier dennoch etwas leer und still vor, wenngleich dieser Gedanke keinen Sinn hat. Alles um mich herum, jedes Auge und jeder Busch und jede Kreuzotter raschelt und brüllt, und dann begreife ich, dass mir Katzen fehlen. Mehr als alles fehlen mir Katzen.

Der vierte Morgen im Haus. Ich habe die wildeste der Bestien gezähmt, die Luis auf dem Fahrweg mit

Hühnerköpfen gefüttert hat. Ein dunkler Streifen läuft entlang ihres Rückgrats und verteilt sich über die Katarakte ihrer Rippen, einer Sonnenfinsternis ähnlich, die etwas länger andauert, aber keineswegs endgültig ist, und mit einer gewissen Enttäuschung notiere ich hier den Tatbestand, dass sie bloß fünf Zehen hat. Ich habe sie Princessa genannt, und sie hat ihren Platz auf dem Tisch gefunden, den ich von nun an als meinen Schreibtisch betrachten werde. Und ich habe mich eigentlich an die Schreibmaschine gesetzt, um den Traum von gestern Abend zu stenografieren; einen Albtraum, der vielleicht der Kern einer Geschichte werden könnte. Es handelte sich um einen dieser Plots, die an einem Ort beginnen, um sich dann durch einen scharfen Schnitt, ohne weitere Erklärung und ohne sichtbare Logik an einem völlig anderen, vielleicht schrecklich entfernten Ort fortzusetzen. Die ersten Szenen spielten sich hier ab, aber nicht im Haus. Ich lag auf dem Bauch auf einem Metallbett im Zimmer des Hotels Ambos Mundos und es war, als wäre ich im Traum gerade von einem Albtraum erwacht. Der Ventilator, den ich vorher nicht bemerkt hatte, zerschnitt die abgestandene, von Rauch betäubte Luft, und um mich herum standen wie zwei gespenstische Krankenschwestern oder einfach wie zwei Sukkuben, Pilar und Martha, an beiden Seiten des Bettkopfes. Plötzlich brach dieses zugleich beruhigende und unerträglich grobe Bild ab, und ich fand mich auf einer Pritsche in einem Feldlazarett wieder, umgeben von einer Reihe weiterer solcher Betten. Weder Pilar noch Martha waren mehr in Sichtweite, und ich hatte keine Ahnung, wo ich mich befand. Irgendwoher wusste ich jedoch, dass es sich weder um Italien noch Spanien handelte, obwohl ich mich offenbar wieder in Europa befand. Meine Hose und Stiefel, die ordentlich an die Wand des Zeltes gestellt waren, deuteten darauf hin, dass das Lazarett höchstwahrscheinlich ein militärisches und ich in Uniform aufgenommen worden war. Wieder gab es Ventilatoren in dem Raum, die die Trauben grüner Metzgerfliegen aufwirbelten. Das Gemurmel verstärkte sich plötzlich zu einem unerträglichen Lärm, kalter Schweiß brach aus, und mein Hemd blähte sich auf, als wäre auch mein Herz von einer Explosion aufgebläht und vielfach vergrößert. Eine weiße, sechszehige Katze sprang von innen heraus und miaute, und ich wusste, dass ich endlich tot war. Schneewittchen kauerte auf meiner Brust und miaute weiter, so herzzerreißend, als könnte mich nichts auf der Welt in dieser Nacht ersetzen. Sie schmiegte sich noch ein wenig an mich, und dann wurde sie plötzlich wütend: Sie pisste mir in meine weit geöffneten Augen.

Enkel

Ich saß mit meinem Enkel auf der Terrasse eines Lokals in der Stadt der hundert Feuer, trank ein Cristal und aß die schlechteste Pizza seit langem, einen halb rohen Saufraß, der erstaunlich den Kriegspizzen meiner Mutter ähnelte. Die Prado Straße war sehr schwach beleuchtet, als hätte in der Umgebung lange Zeit nichts Ernsthaftes gebrannt, kein einziger Scheiterhaufen; möglicherweise nur gelegentlich eine nackte Glühbirne in einem der geräumigen Hauseingänge, und eine einzelne Kerze, einsam vor der Bronzefigur von Benny Moré, dem unbestrittenen König der Guaracha. Diese weiche, raffinierte Dunkelheit stand jedoch in starkem Kontrast zu der Fanfare des Sonnenuntergangs, der grell glänzenden Tuba, die bis vor kurzem in einem langen Forte vom Himmel donnerte, in einer scheinbar unerschöpflichen Explosion von Farben und Klängen, die – wie ein neutraler Hintergrund direkt in die Augen des Betrachters eintätowiert – zusätzlich zur dezenten Eleganz des Prados beitrug. Wir waren fertig mit den Pizzen und standen auf, bestellten noch ein Cristal zum Mitnehmen, und während wir auf das Bier warteten, beobachteten wir, wie in einem Barbierladen mit einem über dem Spiegel angebrachten, eingerahmten Porträt von Comandante Camilo die Scheren blitzten und die bewegliche Halsstütze des Stuhls, kaum merklich rotierend, eifrig Haare aufsammelte und sich zu einem vierten bärtigen Comandante verwandelte.

Kaum hatten wir den Bürgersteig des Prados betreten, war Unamuno hinter uns. Er verhielt sich zunächst wie ein Schatten; wie ein Fleck von der Art, die über Jahre hinweg den Putz aufblähen, bis sie schließlich den gesamten Raum verschlucken, oder wie eine Parabel über das Gewissen aus einer illustrierten Geschichte der Psychoanalyse für Kinder. Es war schließlich der Schatten, der bewirkte, dass wir uns überhaupt umdrehten. Das Licht der wenigen Straßenlaternen heftete plötzlich einen unerklärlichen und verspielten Überfluss an Gliedern an unsere mageren Torsi: als wären uns ein Oktopus oder die Göttin Kali auf den Fersen. Unamuno war ein großer, breitschultriger Schwarzer, jenseits der sechzig, mit einer schief sitzenden Schirmmütze, der ständig bei tiefer Deckung herumhüpfte. *Keine Angst!*, rief er, *Ich schlage nicht zu. Ein alter Tick*, fügte er hinzu, inzwischen ein wenig außer Atem. Er war im Jahr 1980 Teil des olympischen Teams in Moskau gewesen, als die Kühlschränke und Schaufenster der sozialistischen Welt über Nacht von einem witzigen kleinen Bären namens Miša besetzt wurden. Teófilo Stevenson gewann damals sein drittes olympisches Gold im Superschwergewicht und trug sich für immer in die Geschichte des Boxens und in die Herzen von acht Millionen Kubanern ein, und Unamuno – damals ein Achtundzwanzigjähriger – entdeckte in sich eine bis dahin tief verborgene Liebe zur Philosophie.

Das geschah bei einem Abendessen am Vorabend des Finalwettkampfs. Unamuno (der eigentlich Miguel Yuniel hieß) saß zwischen Raúl, dem kürzlich pensionierten, leicht schielenden Sekretär des Kubanischen Boxverbandes, und einer ihm unbekannten jungen Dame aus Spanien – einer prächtigen Katalanin oder Baskin, Unamuno konnte sich nicht mehr erinnern, aber auf keinen Fall war sie eine gewöhnliche Kastilianerin –, deren Verbindung zu diesem edlen, aber doch groben, einige würden vielleicht sagen gewalttätigen Sport er nicht nachvollziehen konnte. Das, wovon diese immer noch junge Frau sprach, erschien ihm jedoch bezaubernd; schwebend in der Luft und gleichzeitig auf eine innige und nicht unbedingt erklärliche Weise kristallklar, und das trotz der Tatsache, dass er strenggenommen kaum etwas verstand. Er war vielmehr überzeugt davon – obwohl er am Anfang nicht begriff, warum die Frau sich entschlossen hatte, diese gesamte ungewöhnliche Ansammlung von Worten ausgerechnet an ihn zu richten –, dass sich das Gesagte auf die Essenz von nichts anderem als dem Boxen selbst bezog, insbesondere dem kubanischen Boxen. Die Frau reihte hauptsächlich einige sehr abstrakte Begriffe aneinander, die Unamuno allesamt nicht kannte. Am meisten prägte sich ihm der gerade genannte Familienname ins Gedächtnis, ihm ebenfalls unbekannt, doch er nahm an, dass dieser Familienname zu einem eigensinnigen katalanischen (oder baskischen) Schwergewichtler gehörte, einem Grünschnabel, der sich die Bezeichnung Boxer noch verdienen musste.

Mit fortschreitendem Gespräch verstand Unamuno immer mehr, dass es sich hier um etwas handelte, das seine Sicht auf das Boxen verändern würde und damit auch sein Leben. Ihm hatte sich an diesem Funktionärstisch, der überladen war mit Bierflaschen und überfüllten Aschenbechern, im Olympischen Dorf von Moskau im Sommer 1980, plötzlich der ganze tragische Sinn – *el sentimiento trágico de la vida* – in all seiner erleuchtenden Fülle offenbart. Er spürte ihn in der Brust, diese zerstörerische Explosion, die alles vor sich ausradiert, wobei sie unerwartet detoniert, so wie der Seitwärtshaken von José Mantequilla Nápoles. Er fühlte es wie *satori*, die buddhistische Erleuchtung. – *Ja, das Leben*

62

ist tragisch, sagte er, *es ist zutiefst und unerträglich tragisch von dem Moment an, in dem wir erkennen, dass wir sterben müssen – das wusste ich auch schon, bevor die junge Dame es mir in so gelehrter Form gesagt hat. Aber dann begriff ich das einzig Wichtige. Ich erkannte, dass ein Boxer zweimal stirbt oder nie. Und theoretisch verdoppelt das die Tragik, obwohl nur auf dem Papier. Andererseits eröffnet es die Möglichkeit, der Tragik vollständig zu entgehen. Es tut mir nur leid, dass ich etwas so Einfaches nicht begriffen habe, als ich selbst im Ring stand. Als noch Hoffnung bestand, den Tod mit einem einzigen heftigen Aufwärtshaken zu entmachten*, sagte er und ließ seine wie zwei Ruder langen Arme sinken.

Mit der Glut eines Konvertiten erzählte er vom heiligen Individualismus, einem Vektor, der wie heißes Blut in den Ohren jedes vollblutigen Boxers rauscht. Dann, während er mit dem Daumen über die Verletzung strich, die ihn seine Karriere gekostet hatte, erklärte er systematisch die These, nach der die gesamte Geschichte des kubanischen Boxens als *intrahistoría* neu geschrieben werden sollte – eine Serie von kleinen Geschichten über kleine Menschen; ein Fresko, überfüllt mit Amateuren aus schäbigen Vororten, mit streitlustigen Barkeepern und Türstehern aus dem Casino im El Centro und mit einigen weiteren wirklich abstrakten Dingen, aber der Enkel und ich hatten ihn da längst verloren. Um uns pulsierte Kuba wie eine unterirdische Radiostation, ein beständiges Signal, das sich auf alles überträgt, das atmet, und alles Fleisch unter der Nadel der Welt vibriert von diesem Signal wie ein ferner, vielleicht längst erloschener Stern. Wir überreichten Unamuno die halbleere Flasche Cristal und setzten unseren Abstieg in Richtung Ozean entlang dem Prado fort, während seine unbändige, titanische Silhouette mit der wild entfesselten Nacht verschmolz, die inzwischen beinahe alles in sich aufgesogen hatte.

CURVAS PELIGROSAS

I
Wach in Cancún

Ich träumte, ich hätte auf einem Sterbebett, auf meinem eigenen oder dem eines anderen, jemandem versprochen, ich würde eines Tages, wenn die Regen vorbei sein und sich die Wolken, leicht wie Verben, auf die kryptischen Sätze der Bäume voller Blätter legen würden, um jeden Preis und unausweichlich nach Cancún und nicht nach Comala reisen. Das Gelübde war in einem Krampf ausgesprochen worden, und ich empfand unermessliche Erleichterung, als diese starke, stumme Unruhe der Muskeln – meine eigene oder die des anderen – wie von unsichtbarer Hand von der noch vollständigeren, beinahe sanften Stille des Todes fortgetragen wurde. Ich behaupte: Alle Tage des Lebens dieses Menschen, der von uns gegangen war, würden nicht reichen, um die Schrecken von Cancún würdig beschreiben zu können, einer toten Stadt. Und diese Weite, diese schamlose Ebene der Dummheit, der Glasscheiben und der Träume, der Träumerei davon, zumindest für einen Moment jemand zu sein, der du nicht bist, bekleidet nur mit Schwimmhose und braungebräunt; die unübersichtliche und falsche Ausweitung dieses kalten Schreckens dröhnte in meinen Schläfen, als mich die Ansage aus dem Alptraum riss, gerichtet zweifelsohne an uns: an die Passagiere des Fluges nach Cancún, zusammengedrängt in der Boeing einer Billigfluggesellschaft. Obwohl es erst Mitte Januar war, stiegen Schlieren heißer Luft aus dem Sand und dem Asphalt und trübten die Atmosphäre, brachen die letzten Sonnenstrahlen und färbten dabei die Szenerie in ein unpassendes Rosarot. Unter dem Bauch des Fliegers breiteten sich die schmalen, glühenden Parzellen der Resorts aus, der Feriensiedlungen, der Salons für Pediküre und Massagen sowie der Bars, ob an den Stränden oder auf den Dächern, durchschnitten von den Vertikalen der Hotels, deren Fenster ebenfalls den langweiligen Sonnenuntergang reflektierten, wobei sie ihn verlängerten und scheinbar unendlich multiplizierten. Ich wünschte mir ein Glas Wasser, doch es gab keins. Ich wünschte, ich könnte sofort wieder einschlafen.

Dort, tief im Hintergrund, in dem Teil der Stadt, von dem aus die Busse losfahren, mit denen man von hier flieht, und vor dem der Ozean und sein Strandgut unbeschreiblich fremd wirken, lehnte ich mich an die Theke der Rezeption und sprach mit Inés. Vor ihr hatte ich nur zwei Frauen dieses Namens gekannt. Die erste, deren Haut einen gewissen Zauber ausstrahlte, den ich nur von Romamädchen kannte, dieses Etwas, das mich in frühester Kindheit mit unbegreiflicher Magie daran hinderte, ihr *Nein* zu sagen, verschwand aus meinem Alltag, bevor ich sieben wurde; seitdem traf ich sie nur gelegentlich, bis ich sie schließlich fast vollständig vergessen hatte. Die zweite war und ist immer noch die zehnte Muse, der mexikanische Phönix; ein poetisches Wort verkörpert in der federleichten, verseuchten Gestalt der Sor Juana Inés de la Cruz, der wundersamen Tochter des Barocks, eines Barocks, in dessen Wesen auch etwas unverkennbar Romahaftes liegt. Zwischen mir und Inés, der Empfangsdame eines nach Chloroform und Bettwanzen riechenden Gasthauses, lag die Wachheit der Kontinente, eine nichtexistierende Nacht, die wie ein Stein im Schuh drückt und zugleich wie ein Magnet anzieht. Aus der Küche drang, getarnt als Duft von Kaffee und Tacos, das

Versprechen der Zukunft, während die Gegenwart, das, was noch nicht vollständig von der verrosteten Klammer der Vergangenheit erfasst war, unweigerlich den verschwitzten und unerreichbaren Geruch von Inés trug.

Letztere, *meine wahre Inés*, konnte zu all dem wenig und nichts sagen. Sie war nie in Comala gewesen, noch wollte sie jemals dorthin reisen. Nicht einmal nachdem ihr Cousin Ramón am vorvergangenen Día de la Constitución dort geheiratet hatte. »Ausgerechnet ein geiziges comalisches Miststück, so geizig wie nur die Leute aus Comala sein können, bei denen es nur Hitze, Ziegen und Steine im Überfluss gibt«, sagte sie; ihrer Meinung nach wäre es für ihn besser gewesen hierzubliben, am Rande von Yucatán und der Welt, zu Hause bei seiner Mutter. Der Mittag rückte bereits näher, die Sonne im Zenit schälte Schicht um Schicht des immer blasseren Putzes ab, und das allgegenwärtige mächtige, gleißende und noch gleißendere Licht machte jeden Gedanken an Schlaf zu Übermut. Ich kaufte ein Exemplar der *La Crónica de Hoy*, wischte mir mit einem Taschentuch den Schweiß von der Stirn und wiederholte in halbflüsterndem Ton das letzte, was mir Inés gesagt hatte: »Vergiss dieses dumme Comala, dort heiraten Verwandte untereinander, und es heißt, dass den Menschen davon dort manchmal ein Schwanz wächst.«

Ich stieg in den roten ADO-V-Bus, der nach Tulum fährt.

Finsternis in Tulum

Einige Orte stinken nach Unglück. Doch einige Unglücke tragen den eindeutigen Geruch des Ortes wie ein in die Haut eingeprägtes Siegel, einen Geruch, den man beinahe sehen kann. Es gibt auch solche, deren verblühter Kadaver den Puls des Vergnügens um sich verströmt, einer Pest, die die Menschheit bedrückt, indem sie eine ohnehin fragwürdige, in medizinischen Ratgebern demystifizierte, aber immer noch schwer fassbare Qualität fingiert, die unter dem Begriff Leben bekannt ist. Es kommt nicht selten vor, dass einzelne Städte und Städtchen, besonders jene, deren an den Himmel genagelte Nacht von Nieten gehalten wird, die zu dem Sternbild Südliches Kreuz angeordnet sind, von dem Duft verraten werden, der sich aus der Kombination der oben genannten Kategorien zusammensetzt, in allen denkbaren Mischungen und Verhältnissen, manchmal sogar in der Zeit aufgelöst; von einem Duft, der auf ein unwirkliches *davor* verweist, während er selbst, mit seinen starken, schlaflosen Händen, wie ein verrückt gewordener Telegraphist jenes unvermeidliche *später, nachher* tippt. Es erübrigt sich zu betonen, dass Tulum ganz offensichtlich einer dieser Orte war.

In dem roten Bus, in dem *canción ranchera* gespielt wurde, erreichte ich für 170 Pesos die Stadt im Bundesstaat Quintana Roo, eine der letzten, die noch die Mayas gegründet hatten, um sie dann – getrieben vom brennenden Schwert des Konquistadors Juan Díaz aus Sevilla, dem bösen weißen Gott, der sich an Rum und Gold berauschte – ebenso schnell wieder zu verlassen. Die samtene, geschmeidige und doch durchdringende Stimme von

Vicente Fernández Gómez, dem »König der Ranchmusik«, besser bekannt unter seinem Kosenamen Chente, drang unter dem schwarzen, wie mit Schuhcreme aufpolierten Schnurrbart hervor, prallte mit einem vertrackten Rikoschettschuss von den Heiligenbildern ab, die an der Windschutzscheibe klebten; die Stimme oszillierte, ähnlich einem betrunkenen Pendel, um den nackten Körper des Erlösers, der sich in konzentrischen Kreisen um die Achse des Rückspiegels drehte, streifte dann die mit Brillantine beschmierte Tolle des Fahrers, und beruhigte sich schließlich, wie eine glücklich vom Weg abgekommene Kugel, in der quietschenden Tür an der Haltestelle. Die Tür öffnete sich direkt zur Avenida Tulum, einer Straße, die wie aus einem Film über den wilden Westen gefallen zu sein schien, der nur viel bunter und eigentlich ganz zahm war. Ich schlug die vorletzte Seite der Zeitung auf und suchte nach der Wettervorhersage: eine kleine, fettgedruckte, grellgelbe Sonne passte vollständig zu jener am Himmel. Der Mondkalender kündigte allerdings für dieselbe Nacht eine totale und unumkehrbare Finsternis an.

Die Stadt der Mayas – eine Ebene voller baufälliger Paläste, alter Tempel, deren Stufen einst von Strömen kochenden Bluts übergossen wurden, und unbeschreiblicher Häuser am Rande der heutigen Stadt – war ebenfalls eine tote Stadt, aber auf eine andere, viel buchstäblichere Weise. Trotzdem lebte in ihr noch immer der Wind in den Kronen der Palmen, und das Volk der Leguane thronte, angeführt von ihrem Hegumen, im Herzen der Geschichte eines Untergangs, gelassen, als würden sie warmen Kaffee in der cantina an der Calle Mercurio schlürfen oder als gingen sie im Park Dos Aguas spazieren. Touristinnen aus Bayern mit verbranntem Rücken blätterten in Wochenendromanen und tunkten Scheiben grüner Mangos in Salz, während die megalithischen Steine unter dem Schlaghammer der Sonne zu unerwartetem, vollständig katholischem Staub zerfielen. Der Freskentempel lag hinter mir, während sich meine Augen, benommen vom Übermaß an Licht, an den Exzess des Ozeans gewöhnten. Ich entkleidete mich, denn in der Nähe des Todes ist es besser, nackt vorgefunden zu werden, und tauchte unter die türkisfarbene Oberfläche.

Unten, in der sanften Tiefe, schwammen riesige Rochen, bunte Fische und Schildkröten, die zur Zeit meines Vaters geboren worden waren; sicherlich in einer glücklicheren, sowie den Schildkröten wie auch den Menschen freundlicher gesinnten Zeit. Die anmutige Bewegung des Rochens erinnerte, außer an die Drehungen und Pirouetten des fliegenden Vaslav Nijinsky in *Le sacre du printemps*, zu Deutsch *Die Frühlingsweihe*, oder in *Der Nachmittag eines Fauns*, an die langsamen, rollenden Verse von Butler Yeats, gewürzt mit etwas vom guten, strengen Luis de Góngora: *Among School Children*, die möglicherweise schicksalhaft von den zeitlosen *Soledades* hinter einer Ecke überfallen und sexuell missbraucht werden. Im Subtext zitterte ein Hauch der Mystik von Angelus Silesius mit. Die Schildkröten bewegten sich wesentlich weniger beängstigend durch das Blau und ähnelten eher einem Viertaktmotor, der langsam vor sich hin stolpert. Ihr telegrafisches Hüpfen rief die Gedichte des Postbeamten August Stramm auf, die mit ebenfalls kurzen, aber viel abstrakteren Beschreibungen von Tieren des serbischen Dichters Vasko Popa konfrontiert werden. Ich nannte jede Schildkröte und jeden

Rochen Pedro, zu Ehren meines Vaters, nach dem ich lange gesucht hatte.

Als ich auftauchte, war der Abend bereits da. Ein immer noch lebendiges, gelbes Rad des Monds beleuchtete die Fäulnis von Tulum, und streunende Hunde bellten es an. In der Bar Apelido bestellte ich einen doppelten Pelotón de la Muerte und ein lauwarmes Victoria, und sofort danach noch einen *mezcal* und noch mehr Victoria. Am Himmel spielte sich ganz offensichtlich die Rebellion der ursprünglichen Nacht ab, einer Nacht, in der das Licht seine letzte greifbare Basis verliert, der Aufstand der Dunkelheit, die, diesmal schwerer bewaffnet, irgendwann sicher kommen wird. Zoll für Zoll gewann der schwarze Schatten des Planeten Überhand, bis mitten am Himmel über Tulum, der wie ein verkohlter Apfel aussah, nur noch ein realistisches, oval gerahmtes Porträt der Zukunft hing. »Wenn es nur einen Fahrstuhl gäbe, um dorthin zu fahren! Der Mond ist eine Bühne, auf der die tollpatschigen, verlorenen Dichter Europas versuchen Salsa zu tanzen!«, sagte Lotte, eine Niederländerin mit Muschelketten an den Knöcheln, die zu den Technobeats herumhüpfte. »Lass uns gehen!«, sagte sie, ohne weiter nachzudenken und ohne zu ahnen, dass sich die Finsternis in einen Dauerzustand verwandeln würde und dass so oder so jeder Fahrstuhl am Ende zum Schafott führt.

Palenque, sowohl lebend wie auch tot

Über mich selbst, auch wenn ich mir verständlicherweise verhältnismäßig häufig begegnet bin, kann ich nur wenig oder nichts sagen. All das passt in einen mageren Absatz: Ich war ein bärtiger und kahlköpfiger Mann an der Schwelle zum fünfunddreißigsten Lebensjahr, mit einer etwas griechischen Nase, großgewachsen und schwerhörig, fest entschlossen zu schreiben und mich selbst so gründlich wie möglich zu entwurzeln; entschlossen, das eigene Heim und die eigene Herkunft zu verlassen, wobei man dieses Syntagma vollständig und radikal ideologisch verstehen soll. Ich war gekleidet in kurze Jeanshose, Turnschuhe – der Bug des einen Schuhs war durch einen von einer fortgeschrittenen Pilzinfektion betroffenen Zehnagel verschlissen –, und in ein Hemd aus etwas hellerem Jeansstoff, genietet mit Perlmuttknöpfen, dessen Ärmel, normalerweise hochgekrempelt, ich zunehmend herunterzog, je näher sich die trügerische mexikanische Nacht anbahnte, wobei ich gleichzeitig die falsche Ray-Ban-Brille mit den allzu dunkel getönten Gläsern abnahm. Ich war eitel und von einigen Lastern oder Leidenschaften beherrscht, besser, ich schweige zunächst davon. Zerknittert von der zwölfstündigen Busfahrt und bar jeden Gedankens, so kam ich in Palenque an.

Der Morgen graute noch nicht und das Wasserzeichen des Mondes war noch immer am dafür vorgesehenen Himmelseck zu sehen. Der Angestellte des Bahnhofskiosks ließ unter Krankenhausneonlicht eine Dose Zucker in meinen Americano rieseln, während sich die wenigen Passagiere in Plastikstühle kuschelten oder mit starren, an digitale Displays haftenden Blicken schlafwandelten. Der Traum war noch nicht wirklich vorbei, und ganz bestimmt war die Zeit des Wachseins noch nicht angebrochen. »Na dann«, sagte ich leise zu mir selbst, ohne sicher zu sein, auf was sich dieses *Na dann* bezog. »Na dann«, wiederholte ich in meinen Bart, denn offenbar war ich einer jener verängstigten, von Gott verlassenen Menschengeschöpfe, die ständig »Na dann« zu sich selbst sagen. Eine beleibte Frau in einem Kleid mit Blumenmuster leckte gierig eine Briefmarke an und übergab die Karte mit einem Ausdruck unbeschreiblichen Ekels der festen Dunkelheit des Postkastens.

»Es scheint, als ob hier der Morgen niemals kommen wird«, sagte sie. Die letzten Silben hallten noch in der abgestorbenen Halle nach, während eine tätowierte, gebräunte Hand mühelos den übergroßen Rucksack anhob. »Lass uns nach einem Frühstück suchen«, sagte sie, und das erschien mir für einen kurzen Moment weniger hoffnungslos als die endlose Resignation; ein Ethos, von dem ich in der letzten Zeit vollkommen ergriffen war, zusammengepfercht in diesem schüchternen Ausdruck »Na dann«. Zehn Minuten später verteilten Verkäufer psychoaktiver Pilze ihre Ware unter den Bannern von Mariachi-Bands und Werbetafeln für die Lotería nacional, während Palenque langsam zusammen mit dem Seifenwasser auf den Terrassen der früh öffnenden Lokale erwachte und die Hunde sich faul reckten, um dann zum ersten fortgeworfenen Knochen zu humpeln. Schnauzbärtige Männer mit großen, melancholischen Augen taumelten wie Schatten die Straßen entlang. Wir teilten eine Portion *huevos rancheros*, und Hannah, die kanadische Kellnerin, entschloss sich, besänftigt durch mein Füllwort, ihr ganzes bisheriges Leben in Novo Brunswick, all seinen Schnee, Schweiß und all die Tränen, die Summe der Tränen des kalten Kontinents zu Kaffee und einigen frischgepressten Säften vor mir auszukippen.

Hier, mit diesen gewundenen Straßen, den ordentlich gestutzten Baumkronen, einem unbeschreiblichen Denkmal für den Planeten und mit Hannahs leisem Schluchzen endet das lebendige Palenque und es beginnt sein Tod, eine leise Hymne auf das tote Palenque. Hier gibt es keine Hannah, keinen dicht gewobenen Wahnsinn der Myzelien, hier gibt es keinen Platz für »Na dann«. Quer durch den Dschungel verstreut liegen Pyramiden, Observatorien für vergessene Sterne, von Unkraut überwachsene Throne, Tempel des Bluts und der Zeit. Durch die Szenerie mäandert ein kristaller Bergfluss und trägt unübersetzbare Worte, Seufzer mit sich, die wirken, als würden sie von den Bildern von Remedios Varo stammen oder sich aus den Mündern der Puppen von Lola Cueto winden. Alles ist zu groß, allzu verloren, alles ist zu sehr tot. Doch immer noch ticken im Hintergrund wie Uhren des Urwalds die präzisen Kalender der Maya. Wurzeln beißen in das Fleisch des Steins. Und durch die Katakomben taumeln, als würde Indiana Jones in tiefen Schlaf sinken, verwilderte Schafherden. Ich nannte jedes Schaf und jeden Raben Pedro, zu Ehren meines Vaters, dem ich nun bereits gefährlich nah sein musste. »Na dann«, flüsterte ich in meinen Bart und betrachtete eine Figur in Gestalt des Predators, der im Profil an Donald Trump erinnerte. »Na dann«, wiederholte ich, als ich auf den Gipfel kam; als alles unter mir – soweit das Auge reichte – aussah, als würde es in Flammen stehen.

San Cristóbal de las Casas,
das langsam versinkt

Ich rückte gen Süden vor. Mit Tabasco im Rücken und
dem guatemaltekischen Dschungel im Bereich der linken
Niere ergoss ich mich die Karte von Mexiko hinab, wie
immer, wenn ich mich nach Süden bewege, begleitet von
einem klaren Gefühl des Abstiegs, obwohl ich eigentlich
die ganze Zeit aufstieg. Ich fühlte mich wie ein abtrünni-
ger Cursor auf einer synoptischen Karte, der das endgültige Verderben der Zeit prognostiziert, nicht des Wetters,
sondern der Zeit, *time, no weather*; ich zitterte wie die
Nadel in einem drogensüchtigen Kompass. Die kahlen
Hochebenen von Chiapas, das graue und braune Gestein
und die Kakteenwälder, die einem Bataillon riesiger, auf-
gerichteter Penisse ähnelten, klebten auf der anderen Seite des Fensters, an das meine Wange im weißen Van mit
dem Aufdruck »Bienvenidos a Tulum« gedrückt war.
Die ganze Region erinnerte an ein überdimensioniertes
Nadelkissen und ich an eine durchstochene Socke. Den
Fahrer, dessen kahlköpfiges Haupt sich stundenlang wie
eine Erscheinung vor meinen Augen bewegte, taufte ich
auf den Namen Pedro und gab mich dem Laster des
Schlafes hin.

Auf dem staubigen Parkplatz jenseits des Mirador
verteilte der Wind die Dosen und rollte frische Zigaret-
tenstummel umher, das Geräusch von Absätzen auf dem
feinen Kies trug den diffusen Rhythmus von Rasseln in
sich, und das Quietschen der Räder übernahm die Rolle
der ersten Geige in einem Orchester des teuflischen Sal-
sas. Für zwanzig Pesos brachte mich ein Taxifahrer in
ein Hostel im Viertel 5 de Mayo, das man nicht mit der

gleichnamigen und weit vornehmeren Straße mit Kolonialvillen und prächtigen Innenhöfen verwechseln sollte. Der Trostpreis bestand aus der Tatsache, dass der Frühling schon immer meine liebste Jahreszeit war, eine Zeit, in der die Natur erwacht und die Johannisfeuer brennen, wie in den Liedern der Roma oder in den Versen von Wordsworth und Amy Lowell. All das konnte mich kaum vor der kalten Bergnacht schützen. Ich zog alles an, was ich hatte, und lag bis zum Morgengrauen wach und zählte die Hunderte von Straßenschwellen, die der Van in dieser Nacht ins unbekannte zapatistische Inferno verabschiedete, indem er die kurvigen Straßen entlang durch die namenlosen Dörfer kroch. »Guten Morgen«, sagte ich zu mir selbst, kaum dass es hell geworden war. »Morgen«, antwortete Paul bereitwillig, als hätte ihn jemand geschickt, um mich zu retten.

Geboren 1946 in Berlin, hatte er sich als magerer Phönix-Säugling aus den Trümmern erhoben, zusammen mit dem Rauch, der aus den Kratern der alliierten Bomben aufstieg, aus fünf Tonnen schweren »Säuen« mit Botschaften wie *die pigs* und *here you go, Krauts*, auf den glatten Stahl gekritzelt. Seine Mutter hatte es ihm nie eindeutig gesagt, nur angedeutet, ohne ihm in die Augen sehen zu können, aber Paul war das Ergebnis der größten Massenvergewaltigung in der Geschichte der Menschheit, Folge einer der vielen Tausend Geburten, die einen Sieg und eine weitgefasste Niederlage mit einem Schrei markierten. Seinem Vater, einem russischen Soldaten unbekannten Ranges und Ursprungs, schrieb er die Liebe zur klassischen Musik und die Neigung zur *typischen slawischen Melancholie* zu. Im Internet hatte er hundert russische Wörter gelernt, und manchmal spielte er die sowjetische Hymne auf YouTube und weinte stumm dabei. Ich musste mir selbst eingestehen, dass mir manchmal auch eine Träne herausrutschte, wenn es um Oden an eine ferne, längst verlorene Freiheit ging, und zugleich musste ich Paul von der Idee abhalten, hier im Hof von jetzt an bis in alle Ewigkeit mit mir zusammen auf slawische Art zu heulen. Er lebte schließlich seit 1948 hauptsächlich in Amerika, anfangs jahrelang auf einem Militärstützpunkt. Die letzten sieben Jahre hatte er in einem Zimmer in demselben Hostel in der Calle Honduras verbracht, gegenüber des Barbiersalons San Francisco und der Ersten Nazarener Kirche Emmanuel, wo er dicke Bücher mit dünnen Seiten las, die Reisende dort hinterließen, und sich darauf vorbereitete, nach Nürnberg zurückzukehren, *nach Hause*, um näher bei seiner inzwischen zahlreichen, über die Wüste Deutschlands verstreuten Verwandtschaft zu sein. Ich weiß nicht, ob er am Ende erkennen wird, dass die Rückkehr, genauso wie die Volksweisheit, eigentlich nichts Besonderes ist. In der nächsten Nacht, vor dem Abschied, umarmte er mich, klopfte mir auf die Schulter und flüsterte mir ins Ohr, so dass ich seinen müden Geruch spürte: Счастливого пути (glückliche Reise).

Zu diesem Zeitpunkt war der blutige Sonnenuntergang über San Cristóbal bereits am Erlöschen, wie eine junge Revolution, die langsam verblasst. Alles, was verblasst, muss allerdings zumindest einmal unbedingt leuchten, das wiederholte Subcomandante Marcos, Delegado Cero, während er vor dem Schlafengehen durch eines der nahegelegenen autonomen Dörfer patrouillierte. Hier, hinter dem stillen Wald meiner Rippen, wachte immer noch eine riesige Kirche über die Stadt, die in immer dichter werdende Dunkelheit sank. Innen war die Kirche mit Neonlicht erleuchtet und mit Plastikblumen geschmückt, und hier residierte ein schwarzer Jesus, der an einen schwarzen transvestitischen Prinzen erinnerte. Dennoch ist keine Dunkelheit so dunkel wie die Dunkelheit der Kirche. Keine Theologie ist die Theologie der Befreiung.

Oaxaca oder über die Müdigkeit

»Ohohohoho!«, kicherte plötzlich Pedro P., der Fahrer des roten ADO-Busses, der quietschend bremste, während er mit einer Hand seinen Schnurrbart – einen ähnlichen trug auch Emiliano Zapata – zwirbelte und mit der anderen nur beiläufig das Lenkrad festhielt. »Ohohohoho«, wiederholte er dieses Mal leiser, als das Fahrzeug bereits zum Stillstand gekommen war, als wäre es von Medusas Blick getroffen und versteinert worden, dabei waren es vier ebenso erstarrte Schulmädchen in blau-weißen Uniformen, die sich entschlossen hatten, die Straße zu überqueren. Ich dachte, ohne es auszusprechen und ohne einen besonderen Grund: Neon. Das Neon frisst die eisige Dunkelheit vom Firmament, das Neon ist das einzige, das uns retten kann. Dann fuhr ich fort, immer noch lautlos, den Katalog meiner Ängste zu ergänzen, wobei ich um jeden Preis versuchte, wach zu bleiben, zumindest bis es noch einmal dunkel würde.

Von dem leuchtenden Plasma-Bildschirm in der Ecke ertönte *bo bo bom bom*, der Song »Dr. Psiquiatra« von Gloria Trevi, echte mexikanische Musik, humorvoll, intelligent und vor allem leidenschaftlich – *bobobobo bom bom bo bom* – Meilen entfernt von den epischen, süßlichen peruanischen Sagen über Kondore oder von den schwachsinnigen Reggaeton-Liedchen, die in ganz Lateinamerika, von Puerto Rico bis Feuerland, die Tanzflächen erbeben lassen. Trotz der ansteckenden Melodie und des Rhythmus, der die erhitzten Hüften bewegte, sanken die Augenlider über die dunklen Fenster der Seele, so wie sich die Jalousien vor die geschlossenen Geschäfte oder die Gitter vor die Gefängnisfenster senken.

In der verführerischen, aber dennoch vorübergehenden Dunkelheit, fand auf dieser – durch langsame, schwere Augenaufschläge für eine kurze Zeitspanne errichteten – Leinwand eine Revue von einminütigen Filmen statt, eine Art Filmjournal aus den beiden vergangenen, von Schlaf befreiten Tagen. Die erste Filmrolle zeigte eine scheinbar endlose Fahrt über die Berge, langsames Rollen über Hochplateaus, die einer Mondlandschaft ähnelten, bewachsen mit Kakteen, die wie Orgeln, und Yucca-Palmen, die wie brennende Büsche wirkten, während über allem die Idee des Endes wachte, verkörpert in Adlern und fetten Geiern, vergleichbar mit dem Tod in »Der Tod des Artemio Cruz«. Die zweite Filmrolle zeigte unklare Szenen der Nacht. Polizeiposten, Durchsuchungen durch pickelige junge Männer mit Gewehren, das Urinieren zu einer unbestimmten Stunde in der Wüste, durch die ein heißer Wind weht, eine Art Föhn, der stürmische Staubwolken aufwirbelt. Dann Verkäufer von türkisfarbenen Schlafnetzen, Mücken, so groß wie Münzen, in stinkenden Kneipentoiletten, die Widerspenstigkeit der Einöde, die prachtvoll ist wie die Summe aller gleichzeitig lebenden und vergangenen Dinge in *Terra Nostra*, der Krampf eines siegreichen Schädels, wie auf den Illustrationen des vermaledeiten Leopoldo Méndez. Die dritte Filmrolle war bereits völlig abstrakt und beschäftigte sich hauptsächlich mit unwichtigen Details aus der blutigen Geschichte Mexikos, mit unvorhersehbaren, aber dennoch völlig erwartbaren Todesfällen von Menschen, Hähnen, Schlangen, Hunden und anderen, für den Filmemacher offensichtlich weniger interessanten Tieren.

Ich checkte in einem kleinen, familiengeführten Hotel namens Casa Carmen, Casa Cristina oder vielleicht

sogar Casa Catarina ein und packte die noch heißen Tacos aus, die ich, eingewickelt in Alufolie, in einer Imbiss-
bude gegenüber gekauft hatte. Die Stadt um mich herum
pulsierte von allen Seiten wie ein schweres Kalbsherz.
Koloniale Kathedralen verströmten den Barock von Pest
und Pocken, zerrissene Plakate annoncierten schlecht
bezahlte Jobs in der Gastronomie und im Dienstleis-
tungssektor, Salsa-Bars lockten Gäste mit dem Rasseln
der Schlaginstrumente und mit Scheinwerferlicht, und
tätowierte Hipster-Kellner in teuren Schokoladenläden
ließen langsam Täfelchen aus reinem Kakao schmelzen.
Mit dem Einbruch der Nacht hallten die Straßen um den
zentralen Platz immer lauter, und auf dem Zócalo selbst
regte sich sein wahres Leben. Wie in einem Kaleidoskop
in Form eines Dämpfers, einem in die Öffnung einer
apokalyptischen Trompete eingeführten Kaleidoskop,
lösten sich auf dem Kopfsteinpflaster Straßenkünstler
aller Art auf, Feuerschlucker und betrunkene Jongleure,
eine ganze Flut von Mariachi-Bands und alternden Paa-
ren, die im Schatten von Schachbrettern Salsa tanzten,
und über allem schwebte das Neon, das endlose Neon
am Himmel, gespiegelt in den vereinzelten, tiefhängen-
den Wolken.

Pa' todo mal … mezcal y pa' todo bien … tambien!
stand über der Theke einer kleinen Kneipe neben dem
Mercado La Cosecha, und ich beschloss, das zu meinem
Motto zu machen; meine Wachsamkeit innerlich aus-
zutrocknen und sie wie einen seltenen Käfer mit einer
Nadel an ein gepolstertes Korkbrett zu heften. Nach
einer Reihe von Lokalen mit ähnlicher Kundschaft und
ähnlichen Absichten, bereits auf dem Heimweg – in die
Casa Carmen oder Cristina oder (durchaus denkbar)

Catarina – stieß ich, wie auf ein verlorenes Comala, auf das Neue Babylon. Innen spielte im Halbdunkel klebrige Rumba. *Maricas* streichelten sich bei ihren Dates im Licht flackernder Kerzen, Gäste bestellten Cocktails mit Namen wie Oaxacan Slushie, Marrakesh Express und Mezcal Paloma, und ein Gringo, ähnlich einem Mann, den ich seit Jahren nicht gesehen hatte, schob seine Hände unter die Röcke betrunkener Mädchen. Ein Mädchen in einem zu warmen Poncho, möglicherweise auch angetrunken, schrieb ordentlich mit ihrem Füller Zeile um Zeile in ein Büchlein, und über allem wachten aus einem Türrahmen drei melancholische mexikanische Dichter, wobei sie lauwarme Victorias tranken, Dichter mit langen Haaren, gekleidet in dunkelblaue Jeans und schon leicht übergewichtig, obwohl sie relativ jung waren. Aus ihren Gesäßtaschen und aus ihren über die Schulter gehängten Ledertaschen ragten zerrupfte Hefte in weichen Einbänden; kurzum, es handelte sich um jene verlorenen Menschen, die nichts anderes sein konnten als melancholische mexikanische Dichter inmitten eines Samstagabends, der im endlosen Archiv der verschwendeten Samstage der Welt verloren war, und ich erkannte, dass man sie nur lieben konnte. Ich hob mein Glas und legte dann sofort meine Stirn auf den schmutzigen Tisch.

Das Neon, dachte ich. Nur das Neon kann uns retten, dachte ich und vergaß es im selben Moment wieder. Ich wusste nur, dass alles schrecklich war und dass nur die Erinnerung, die von allem Lebenden dem Traum am nächsten kommt und ihm am ähnlichsten ist, den Worten ihre Bedeutung garantieren konnte, der unnahbaren, geheimen Wirklichkeit auf dem Dachboden unserer Nacht.

II

Die Probe eines Streichquartetts drang von nirgendwo herüber, jenseits des rostigen Zauns aus geschweißten Stahlplatten, wie eine Ansichtskarte aus einer anderen Welt und Zeit, eine Aufführung, die nach wenigen Minuten abrupt unterbrochen wurde, damit eine tiefe, akusmatische Stimme mit einem einzigen Wort, jedoch unabänderlich, die Bratsche ermahnte, ohne Betonung oder Ausrufezeichen, aber mit einer Dosis kultivierter Verzweiflung: *La viola.* Die Melodie, die sich direkt darauf durch unsichtbare Öffnungen auszubreiten fortsetzte, war melancholisch, schwer und süß, vielleicht glasur-bitter an den Rändern, als wäre es ein Stück von Piazzolla auf dem Bandoneon oder ein Lied von Carlos Gardel, neu arrangiert für einen herbstlichen Film Bergmans. All das, das ganze schwebende Klangbild, gehörte ursprünglich zu einer engen, abgelegenen Straße in der Nähe des grünen Marktes in Oaxaca, im gleichnamigen, einige Stunden Autofahrt entfernten Bundesstaat. Jetzt, scheinbar ohne ersichtlichen Grund, ertönte es in meinem inneren Ohr, während ich die Stufen der Morelos-Station der Metrolinie B hinabstieg, Stufen, die direkt ins staubige Herz der Colonia Morelos – »arm seit aztekischen Zeiten« – führten.

Meine aufgeschobene Streicherminiatur wurde sofort durch das ohrenbetäubende Getöse der Avenida Congreso de la Unión ersetzt, vermischt mit hartem Hip-Hop, dessen Worten ich nicht folgen konnte. Unter dem Arm trug ich meinen Hunger und die über Tage angesammelte, plötzlich kopfüber in den Albtraum des Distrito Federal eingetauchte Müdigkeit. Wie jedermann, trug ich in mir das Virus des Todes, suchte dafür gleichzeitig nach einer Laiendiagnose, nach einem Gegengift und nach einer heiligen Stätte. Ich träumte meist wach, im Gehen, da Schlaf als Verlust wertvoller Zeit galt, die sich in verworfenen und vergessenen Kalendern wie in einer endgültigen Temperaturkurve absetzte, deren Ausdruck abrupt und unwiderruflich beendet wurde.

Der Platz vor der Station war gefüllt mit Obst- und Haushaltswarenhändlern. Ihre Stände verloren sich in der Flut des Flohmarkts auf der anderen Seite der Straße, wo die Wände in Graffito-Technik mit überdimensionierten, naiven Porträts von Politikern, Künstlern und Sportlern bemalt waren, und auf Pappen, Nylonplanen oder dem von Urin getränkten Asphalt zwischen den Ständen saßen, lagen oder schwankten eine Menge Betrunkener, Drogenabhängiger und Verrückter. Es war sechs Uhr nachmittags und die Dämmerung kroch langsam unter die Sohlen, zitternde Gestalten, verborgen im Schatten von Mützenschirmen und fettigen Hüten, riefen *¡Hola, gringo!*, oder knatterten etwas Unverständliches. Ich antwortete nicht. Den Blick fest auf die Augen von Nelson Mandela gerichtet und dann auf den Blick des Wrestlers Alejandro Muñoz Moreno, besser bekannt als Blue Demon, kaufte ich vier Orangen und klopfte an das Tor des Wohnkomplexes aus roten Ziegeln, abgesichert durch zerbrochenes Glas und Stacheldrahtrollen. In einer Ecke des Hofes briet eine ältere Dame Rinderinnereien. Bunte Christbaumlichter, die von Weihnachten übriggeblieben waren, blinkten im tödlichen, hysterischen Staccato eines nur ihnen bekannten Orchesters; sie hingen über einem Beet ebenso bunter Blumen, die an Tulpen erinnerten. In einem Krimskramsladen im

Treppenhaus kaufte ich noch von einem jungen Mann im Unterhemd, dessen Haar glatt nach hinten gekämmt war, eine Seife, eine Flasche Wasser und Bier, und dann verriegelte ich die Tür, an der ein Aufkleber mit ¡*Viva AMLO!* in den Farben der mexikanischen Flagge klebte. Das Akronym von Andrés Manuel López Obrador blitzte kurz auf wie ein Frühling und ein Versprechen der Zukunft, während der verlockende Geruch von geröstetem Fleisch die Avenue heraufkroch und die Pläne von Passanten und Hunden durcheinanderbrachte.

* * *

Tagsüber sehen einige Dinge, wenn sie vom durchdringenden Weiß des Lichts durchflutet werden, tatsächlich anders aus, leichter, sie leben auf eine ihnen eigene Weise, die vorher von der Patina der Dunkelheit verborgen und auf ein Gerücht reduziert war, als ob dieses Licht mittels seiner bekannten Zauberei ein vollständig fatalistisches Drehbuch in einen viel optimistischeren Film verwandeln würde. Allerdings bleibt das Bild des Elends unverändert.

In der Kakofonie aus Mittagsglocken, Geschrei von Straßenhändlern, dem Krähen von Hähnen und dem hicksenden Verkehr der Avenida del Trabajo tunke ich Churros in eine Tasse Filterkaffee, während ringsum überall der Taifun des Tepito Marktes wütet. Alles, was ein göttlicher Staubsauger aufsaugen und ohne erkennbare Reihenfolge wieder zurück auf den Boden werfen und zum Verkauf anbieten könnte, gibt es hier, wo das Paradoxon der Allmacht anders aussieht: Kann ein Gott etwas kaufen, von dem er selbst bestimmt hat, dass es nicht zum Verkauf steht? Dieser Despot, der genauso existiert wie der Scheitel von Donald Trump, ein Mangel, den am besten die Flut seiner angeblichen Spuren bezeugt. Auf Augenhöhe schwingen Plastikrosenkränze. Die Auslagefenster mit Tacos funkeln in der Gnade von Neonmadonnen. Unter den Tischen schlafen stumme Hunde der Santería.

J. und ich schlendern über die heißen Straßen, warten darauf, dass sich uns J. endlich anschließt. Wir kicken Dosen und spucken auf den Boden, um den Widerstand unserer eigenen Körper zu spüren, bemühen uns, wie robuste und zugleich entspannte Kerle zu wirken; wir wählen, mit wem wir unseren Blick kreuzen möchten, obwohl wir wissen, dass wir keine Chance haben. Die Straßen, die im rechten Winkel zur Avenida del Trabajo stehen, erinnern an ordentlich gezogene weiße Linien. Bis man seine Nase in eine schiebt, ist es unmöglich zu wissen, welche aus Mehl besteht und in welcher sich Speedball und Rattengift verbergen. J. ist Biochemiker, und ich selbst bin der Chemie zugeneigt: Anstatt zum Geschrei der Kinder, die Bälle kicken, und zum Schweigen der alten Männer, die im Schatten der mexikanischen Zypressen Karten spielen, begeben wir uns in die Straße der namenlosen Lösungsmittel, Kleber, Cracks, Heroin-Varianten und billigen Alkohole, wo der Morgen wie eine Sonnenfinsternis zur Mittagszeit aussieht. Wir tun so, als ginge uns das gar nichts an. Von einer Wand, die bereit für den Abriss ist, buchstabieren wir laut ein Graffito über Poesie, Freiheit und Sodomiten (es könnte sein, dass es sich um eine fehlerhafte Übersetzung handelte), während zwei tätowierte Typen, die des Spanischen offensichtlich mächtig waren (möglicherweise sogar die Autoren des besagten Textes), von ihren dampfenden Matratzen aufstehen und auf uns zusteuern. Einer der Übersetzer heißt Jorge, wie Luis Borges, und der andere José, wie Lezama Lima. Obwohl alle Figuren in diesem Abschnitt offensichtlich dieselben Initialen besitzen, was Raum für ein potenziell interessantes Spiel mit den Identitäten eröffnet, entscheiden wir uns dennoch für eine konventionelle Erzählung und eilen nach Hause, ohne das Ende des Verses abzuwarten, um zu prüfen, ob J. jetzt endlich wach ist.

Aber dem Tod kann man nicht entkommen. Schwer atmend rennen wir um die erste Ecke, wo schon der tröstende, mit einem Spray ordentlich bemalte Beton der Linie B zu erkennen ist. Das Wandgemälde mit dem maskierten Gesicht von Rodolfo Guzmán Huerta, der seinen Ruhm als El Santo im Nahkampf gewann, wächst beschleunigt in unseren Augen, als plötzlich ein riesiger gläserner Sarkophag, ein Altar und das Heim von Nuestra Señora de la Santa Muerte, unserer Gottesmutter des Heiligen Todes, unseren Weg versperrt. Kerzen, Plastikblumen, Laternen, Gebetsperlen und Ikonen verleihen dem kargen Gelb der Knochen neues Leben, die Zähne des Schädels scheinen zu knurren: Blütenknospe, Blütenknospe. Der Schleier zittert unter den Schritten. Tauben scheißen auf das Glas. Es ist ungewöhnlich, es ist unfassbar, aber niemand – weder ein Lebender noch ein Toter – trägt heute Nacht weder in diesem Kapitel noch im gesamten Comala den Namen Pedro.

* * *

J. & J. und ich sitzen unter dem leuchtenden Schild des Hotels Hidalgo, am äußeren Rand der sanften Wüste der

Langeweile, und knacken Kürbiskerne. Das glühende Neon der Buchstaben fließt ineinander und vermischt sich mit dem Rot des östlichen Himmels, mit dem Widerschein der hundert Jahre alten Revolution, die – begriffen als ein aktives Prinzip – immer noch über dem Porfirianischen Jugendstil des Postpalastes glimmt, über seinen Escherschen, leuchtenden Treppenhäusern und über der geflügelten Kuppel des Palastes Bellas Artes. Ein Saxophonist an der Ecke erinnert an den jungen Garry Mulligan; oder eher an jemanden, der den ganzen Mulligan verschlungen hat, der nun vom Boden der riesigen, dunklen Eingeweide bläst, wie aus einem Grab oder aus dem Körper eines Wals. Die sich über der Kuppel scharenden Vögel ähneln in unglaublicher Weise Schwalben.

Ich träumte, J. sei eine Figur in *Bring Me the Head of Alfredo Garcia* von Sam Peckinpah, aber eine solche, die in der endgültigen Version des Films, wie übrigens auch im Originaldrehbuch, überhaupt nicht existiert. In meinem Traum war J. Teil einer Verschwörung des Bösewichts El Jefe mit seiner Tochter Teresa, und der Kopf, der wie der von Johannes dem Täufer auf einem Silbertablett nackt auftauchen sollte, war meiner. Es gibt Träume, die besser, und Träume, die schlechter sind als wir selbst, aber die meisten Menschen scheinen ewig in ihren schlechtesten Traum gefangen zu sein. Proust schreibt, dass wir nur das lieben, was wir nicht vollständig besitzen, aber in meinem Traum widersetzte sich der Kopf dieser nachgiebigen Logik: er bestand darauf, unversehrt zu bleiben, als Voraussetzung für jene Liebe. Heute Morgen, nach dem Aufwachen, konnte ich nicht mit Sicherheit sagen, welcher der beiden J.s gemeint war.

Ich erzählte ihnen das, während wir von Kürbiskernen auf gekochte Maiskolben umstiegen. Auch die beiden konnten sich nicht einigen, auf wen die Rolle besser passen würde, und sie erhoben auch eine Reihe (meist gerechtfertigter) Einwände bezüglich des Kontexts von Prousts Gedanken und der Art, wie dieser geträumt wurde. Währenddessen wanderten wir bereits die Ignacio-Allende-Straße hinauf in Richtung Plaza Garibaldi und dachten darüber nach, ob wir die *elotes* gegen Pulque oder Bier eintauschen sollten. Mexiko wirkte an diesem Abend tatsächlich wie das Land der Metamorphosen.

Auf dem Garibaldi-Platz schlugen einige Mariachi-Bands ihre *corridos*, während sich andere auf ihren Beitrag zur allgemeinen Kakofonie vorbereiteten und ihre Instrumente stimmten oder unter den Bäumen faulenzten, darauf bedacht, ihre Uniformen, die an Ziehharmoniken erinnerten, nicht zu staubig werden zu lassen oder zu zerknittern. Die Eiscremes schmolzen im Eiltempo in den Händen der Kinder, und auf den fettigen Kartons am Rand lagen Obdachlose und Alkoholiker. J. & J. und ich öffneten Dosenbier. Ein vertrautes, beruhigendes Zischen war zu hören, als siedete etwas tief im Inneren der Dose. Eine Minute später boten sich bereits zwei Beamte der Spezialeinheit, ausgestattet mit Tränengas und langen Gewehren, höflich an, uns für sechsunddreißig Stunden festzunehmen oder uns nach einem verrückten Tarif für den Konsum von Alkohol auf einem öffentlichen Platz abzuzocken. Wir begannen zu verhandeln. Die Beamten – möglicherweise Juan und Jesús – verhandelten auf die Art einer Sphinx: Wir sahen aus, rochen und redeten wie ein zuverlässiger, europäischer *cajero automático*, ein Geldautomat. Während ich mit einem

Bündel Pesos im vereinbarten Wert von etwa neunzig US-Dollar ins Hinterzimmer der Bar Salón Tenampa ging, dachte ich an den Kopf, der einst Trotzki gehörte. Bei dem allseits bekannten Zwischenfall, der sich im Sommer 1940 in einem rot gestrichenen Haus ereignete, das eine halbe Stunde Fahrt mit der U-Bahn entfernt lag, schaffte es dieser Kopf aufgrund der perfiden politischen Reaktion und der scharfen Spitze eines Eispickels leider nicht, unversehrt zu bleiben. Vor diesem Hintergrund glaubte ich jetzt, wo ich mich in einem Zustand befand, der dem Wachsein sehr ähnlich war, dass Proust doch recht hatte.

Wir stürmten in eine namenlose Bar, um das teuerste Bier unseres zeitlich begrenzten Lebens, zu trinken, dankbar den Gefängnissen des Staates Mexiko und den mexikanischen Ordnungskräften, zumindest deren vorübergehender Abwesenheit. Der Sieg schien fern, und der Feind unantastbar, aber wir wussten, dass es nicht so sein konnte.

* * *

Zwei Tage später, in der Pulquería Pakaly, deren Hinterausgang während der Sommersonnenwende genau auf die Spitze eines Schattens der Antenne vom Dach des Torre Latinoamericana ausgerichtet ist, planten wir mit gedämpfter Stimme, die manchmal zum Flüstern verkam, einen Streifzug nach Coyoacán. Dort befindet sich, neben dem berühmten Blauen Haus des Ehepaares Kahlo/Rivera, auch das bereits erwähnte Rote Haus, in dem Stalins Schwein Mercader mit einem unpräzisen Hieb ein großes Loch in den Hinterkopf von Leo

Trotzki schlug, während das Blut, das aus der Öffnung sprudelte, in einer erstaunlichen Geschwindigkeit eine völlig abstrakte Karte der freien Welt auf die weißen Fliesen zeichnete, eine flüssige Landkarte in der Farbe saurer Kirschen. Unser Führer sollte der junge Dichter und Handelsreisende Roberto sein, und wir bereiteten uns gründlich vor, indem wir tagelang unter anderem sorgfältig Riveras Wandbilder im Innenhof des Palacio Nacional studierten. Besonders beachteten wir die monumentale *Geschichte Mexikos*, die einer obskuren Interpretation der trotzkistischen Kabbalistik zufolge – obwohl fünf Jahre vor dem verhängnisvollen Ereignis fertiggestellt – angeblich eine ganze Reihe potenzieller Exekutoren enthielt. Die Liste schloss auch den erfolglosen Attentäter Joseph Grigulevich ein, Stalins Botschafter in Jugoslawien, der die Aufgabe hatte, inmitten der Paranoia und der Peripetie des Kalten Krieges, Tito ebenfalls zu töten.

Die Wände des Pakaly waren mit gerahmten Fotos der Helden des mexikanischen Wrestlings bedeckt, allen voran der Blaue Dämon, El Santo, Der Mann Mit Tausend Masken und Gory Guerrero, und bemalt mit näheren und entfernten menschlichen und tierischen Verwandten von Calavera Catrina, der Adoptivtochter des dämonischen Graveurs José Guadalupe Posada, sowie mit Dutzenden von größeren und kleineren bunten Zuckerschädeln. Dicke Säufer mit tiefen Arschdekolletés und Punks mit durchgebohrten Nasen hoben träge den Blick, als Roberto, perfekt gekleidet, eintrat. R. ist eines der jüngeren Mitglieder des inneren Kerns der Organisation, die als Círculo de Poesía bekannt ist, die man am kürzesten und gleichzeitig sehr präzise als Poesie-Kartell beschreiben könnte. Círculo umfasst einen der Poesie gewidmeten Verlag, ein Poesiefestival, ein literarisches Magazin, einen Zirkel sowie ein Vertriebsnetzwerk – eine Abteilung, die souverän von Roberto geleitet wird, der unablässig die Städte und Dörfer Mexikos mit einem Kleintransporter voller Symbole der Vereinigung abklappert. Wir machten einen Halt vor dem José-Martí-Zentrum, um ein Paket abzuholen, und kämpften uns dann eine Stunde lang durch den Horror des Verkehrs in Richtung eines ehemaligen kolonialen Satelliten, der längst von dem heißen Stadtmonster durchgekaut worden war. Roberto sprach von der Stille, von der Gewalt und von jenen anderen Kartellen, von der längsten mexikanischen Nacht, deren Boden wie eine Badewanne aussehe, in deren Strudel sich auch unsere Leben nun wirbelnd und drehend sammelten wie ein Knäuel von Bauchnabelhaaren. Der Name Andrés Manuel López Obrador sei vor kurzem in seinem persönlichen Lexikon zum Synonym für Hoffnung geworden. Hoffnung ist eine gefragte Ware und dieses Heft ist zurzeit eines der meistverkauften in Mexiko.

Nicht weit vom Hauptplatz entfernt, einem grünen und auf angenehme, verschwenderische Weise unruhigen Platz, aßen wir Pizza mit *cicadas* – Heuschrecken – und sprachen über Worte, die die unsichtbare, aber allgegenwärtige Füllung der Welt weben, die geheimnisvolle Füllung, die dieser Welt den Geschmack von Unvorhersehbarkeit und Abenteuer geben und sie gleichzeitig einer kopflosen Festtagspute ähnlich machen. Dieses feine Gewebe ist die Wiege der Welt, ihr Hemd und ihr Leichentuch, aber im Sinne des Märchens über die neuen Kleider – ist der Kaiser/die Welt eigentlich die ganze Zeit vor unseren Augen nackt. Selbst wenn man sie zufällig einfängt, muss man ihr sofort den Hals umdrehen, denn sonst entgleitet sie einem so glatt und fettig, wie sie ist, wie ein Ringkämpfer dem Griff eines anderen entgleitet, oder so wie ein Schwein den Menschen vor dem Schlachten unerwartet überlistet. Wir unterhielten uns in seit langem entschlüsselten Codes über Benedetti, Vallejo, wenn es unbedingt sein musste auch über Paz, über Zäune und Masken; über den kalten, fernen Planeten Pizarnik. Wir saßen da und warteten darauf, dass irgendetwas passierte, suchten stumm nach einem Ereignis, nach etwas, das in einen literarischen Text hätte metastasieren können. Endlich erkannten wir den eigenen Fehler. Das späte Nachmittagslicht fiel auf den Terror des Ereignisses, und dieses sanfte, weiche Licht wurde zu dessen zerstörerischem Thermidor: Das einzige relevante und absolut notwendige Ereignis in einem literarischen Text ist das Ereignis der Literatur selbst. Wir saßen da, bis sich aus der tiefsten Schwärze unserer eigenen Nacht, der Nacht, die wir selbst *sind*, plötzlich ein unbeschreiblicher Chor meldete; die Heuschrecken hoben an zu ihrem Sterbelied.

* * *

»Santiago de Chile ist die langweiligste Stadt in den Amerikas! Zumindest in Lateinamerika. Zumindest für mich. Aber was nützt mir die Unterhaltung für jemand anderen, nach irgendwelchen fremden, garantiert schrecklichen Kriterien?«, sagte Renata, während wir in einem namenlosen Restaurant in der Nähe einer Hipster-Bar namens Bósforo peruanische *ceviche* und einen Kraken unbekannter Herkunft verschlangen. »Bei uns in Guatemala ist es gefährlich – sobald die Sonne untergeht, fahre ich mit einer aufblasbaren Puppe auf dem Beifahrersitz, um die Straßenräuber zu täuschen«, erzählte sie. »Es ist gefährlich, aber wenigstens stirbt man nicht an blöder Langeweile.« »Ein Königreich für einen guten Überfall – vorausgesetzt natürlich, dass interessante Leute dich überfallen – manchmal erwische ich mich selbst bei diesem Gedanken«, sagte sie und bestellte eine weitere Runde Drinks. Über die Straßen von Guatemala City sprach in ähnlicher Weise auch mein Freund Francisco Nájera, ein Dichter und wilder Professor, der seine Karriere in der Bronx der frühen sechziger Jahre begann, nachdem er diese Straßen vorübergehend hinter sich gelassen hatte. Er sprach abwechselnd Englisch und Spanisch, in einer perfekt fließenden sprachlichen Fuge, während vor meinen Augen der Schatten einer ausgewaschenen Stadt wuchs. Diese Geschichte handelt jedoch weder von Chile noch von Guatemala, obwohl sie sich von ihnen nicht vollständig trennen lässt.

Ich traf Renata zum ersten Mal mehr als zehntausend Kilometer von hier entfernt, als sie für eine ungewöhnliche, halbgeheime Agentur arbeitete, deren Geschäfte mir nie ganz klar waren. Jetzt ist sie im Bildungswesen in einer anderen fernen, langweiligen Stadt tätig, in der sie lebt, obwohl all das Tarnung sein könnte. Ich dachte darüber nach, als wir längst ins Bósforo gewechselt hatten, in diese langgezogene Bar mit einer einzigen Toilette, die von einem düsteren Licht beleuchtet war, von der Art, wie Zockerspieltische beleuchtet werden, von einem Licht, das sich wie ein träger Nebel aus niedrighängenden Lampen ausbreitete. In dieser unerschrockenen

Wolke, wie schließlich im gesamten Mexiko, erschienen die Besucher gleichzeitig lebendig und gründlich tot. Plötzlich dachte ich, es sei durchaus möglich, dass ich es, ohne es zu wissen, mit geschlossenen Augen, aber offenem Herzen irgendwie doch geschafft hatte, nach Comala zu kommen.

Aus dieser süßen Träumerei ließ mich der Klang einer vertrauten Sprache plötzlich hochfahren. In einer Mehrstimmigkeit, die jetzt nicht mehr wie eine Fuge, sondern wie ein in der Dunkelheit der Welt verloren gegangenes *organum* wirkte, dessen leiser, aber klar nachvollziehbarer *cantus firmus*, das Flüstern eines Chores von geschlachteten Hühnern, sich in dem schmalen Raum ausbreitete. Sieben Menschen am Nachbartisch waren aus Jugoslawien gekommen, von Niš über Metković bis Drniš, um einen Freund zu verheiraten und nebenbei das Reich der Azteken zu besuchen. Sind unsere Bräuche, unsere Königreiche, Kirchen, unsere Kriege, Feuerbrände und unsere Opfer letztendlich wirklich anders als die der Azteken, deren Grausamkeit wir in Stein gehauen suchen, um uns vor ihr stumm zu gruseln und gleichzeitig vom süßen Nachbild des Fortschritts gesalbt zu werden? Darüber denke ich nach, während wir Runden von Tequila und Mezcal, Getränken, die sich grundsätzlich nicht von Rakija unterscheiden, aneinanderreihen. Dieselben Agaven, aus deren Mark dieses heilige Feuerwasser fermentiert wird, bedecken schließlich auch die Hänge der Insel Vis, einer schwer erkennbaren Insel, die größer ist als sie selbst, einer Insel, die in meiner Erinnerung wie eine entzündete Leber anschwillt, und wo ich Renata zum zweiten Mal traf.

Dann irrten wir tagelang durch die Straßen der Colonia Doctores und warteten darauf, dass uns etwas unter den verriegelten Fenstern und unverputzten Wänden verletzen, aber nicht töten würde; entlang der Straßen von Colonia Roma Norte und Colonia Roma Sur, deren verwelkte Villen dank schönen Menschen und neuem Geld wieder zu knospen beginnen, eingebettet in das gepflegte und doch liederliche Grün langer Alleen; die langsamen Straßen von Condesa entlang, die zu Ehren der Markgräfin María Magdalena Dávalos de Bracamonte y Orozco parallel zu unserem Leben fließen und den täuschenden Samen der Sehnsucht in sich tragen, den Samen, der gleich um die Ecke mit einer Rasierklinge aufgeschnitten und verbrannt werden kann. Wir schlagen uns in einem langsamen Slalom durch Flüsse voller gleichzeitig Lebender und Toter und weigern uns tagelang, den Stein zu bemerken, über den ich ständig stolpere, einen Stein, gemeißelt zu einem Denkmal; aufgespalten und geöffnet zu den schweren Blättern eines Buchs, die so viel wiegen, dass sie dem Wind trotzen können.

Und so stand ich vor dem Buch, das in seiner Papierausgabe dünn, aber in der Steinausgabe dick wie eine Bibel war, doch natürlich noch viel größer, denn dieses Mal war es ein Buch über das Reale, über Leben und Tod zugleich, über hier und jetzt und über irgendwann einmal und wer weiß wann in ein und demselben vergänglichen Körper, im Fleisch ohne Götter, über den unablässig die Abenddämmerung aufbricht. Ich stand vor diesem schielenden, auf ein Versprechen reduzierten Pedro Páramo, der in der Nähe der Avenida Hidalgo aufgestellt war, dort stand ich, als wäre auch ich selbst ein Denkmal für irgendetwas, ich dachte dabei über ein Haus nach, das nicht existierte, über ein fernes Heim, das verschwand und unerwartet wieder auftauchte, dem

Klappern eines Güterzuges ähnlich. Ich spürte das ganze Mexiko um mich herum pulsieren wie ein ausgetrocknetes, riesiges Komma, und fragte mich, ob hier jemals aus irgendetwas heraus und an irgendeinem Ort ein Punkt geboren werden könne.

www.wieser-verlag.com